咫 位 … 個 口 座 据

錠 張 り 匹 部 房 舟 舗 本 枚 棟 名 面 山

え 膳 双 足 台 玉 着 丁 つ 通 粒 手 度 頭

葉 輪 羽 把 腹 発 床 棹 冊 杯 筋 人

国語《こくご》の授業《じゅぎょう》では教《おそ》わらない

数《かぞ》え方《かた》辞《じ》典《てん》

KAZOEKATA JITEN

飯田朝子《いいだあさこ》

幻冬舎

はじめに

わたしたちが日本語《にほんご》で何《なに》かの数《かず》を言《い》うとき、数字《すうじ》を使《つか》います。たとえば「家《いえ》にお友《とも》だちが三人《さんにん》遊《あそ》びに来《き》た」と言《い》ったとき、「三人《さんにん》」は、数字《すうじ》の「三《さん》」ですが、それだけで使《つか》うことはできません。「三《さん》」には「人《にん》」という言葉《ことば》をかならず付《つ》けなくてはいけないのです。この「人《にん》」を、数《かぞ》え方《かた》と言《い》います。数《かぞ》え方《かた》は、専門的《せんもんてき》には助数詞《じょすうし》とも呼《よ》ばれています。その名前《なまえ》からわかるように、「数《かず》を助《たす》ける詞《ことば》」のことで、ものを数《かぞ》えるときに「犬一匹《いぬいっぴき》」とか「自動車二台《じどうしゃにだい》」、「本三冊《ほんさんさつ》」のように、数《かぞ》えるものに合《あ》わせて使《つか》い分《わ》けます。

「数《かぞ》え方《かた》って、算数《さんすう》で習《なら》った単位《たんい》と同《おな》じ？」とふしぎに思《おも》うことでしょう。算数《さんすう》でも「1メートル」「1リットル」「1キロ」「1円《えん》」のように、数字《すうじ》に言葉《ことば》を付《つ》けて計算《けいさん》します。

しかし、数《かぞ》え方《かた》と単位《たんい》は基本的《きほんてき》には別《べつ》のものです。日本語《にほんご》では、ものの数《かず》を言《い》うとき、数字《すうじ》だけで出《だ》すことはできません。たとえばこんな文章《ぶんしょう》を作《つく》ってみましょう。

「わたしはリンゴを一《いち》、食《た》べました」

これはまちがった表現《ひょうげん》ですね。「リンゴを一《いち》」という言《い》い方《かた》はしません。

「わたしは、一《いち》リンゴを食《た》べました」

と言《い》っても意味《いみ》はわかります。でも、日本語《にほんご》としてはまちがっていますね。リンゴは果物《くだもの》の名前《なまえ》ですが、それを数字《すうじ》にそのまま付《つ》けて数《かず》を表《あらわ》すことはできません。つまり、リンゴは数《かぞ》えるものであっても、数《かぞ》え方《かた》ではないのです。この場合《ばあい》は、

「わたしは、リンゴを一個《いっこ》食べました」が正《ただ》しい言《い》い方《かた》です。リンゴも形《かたち》があるものなので「一個《いっこ》、二個《にこ》」と数《かぞ》えます。とはいえ、リンゴはかならず「個《こ》」で数《かぞ》えなくてはいけないと決《き》まっているわけではないのが数《かぞ》え方《かた》のおもしろいところです。たとえば、こんなふうにも言《い》えます。

「わたしは、リンゴを一切《ひとき》れ食《た》べました」

リンゴは切《き》り分《わ》けて食《た》べることのほうが多《おお》いでしょう。そのときには「一切《ひとき》れ、二切《ふたき》れ」と数《かぞ》えます。リンゴ「一個《いっこ》」や「一切《ひとき》れ」は、算数《さんすう》で習《なら》う大《おお》きさや重《おも》さの単位《たんい》と同《おな》じではありません。「リンゴ一個《いっこ》は150円《えん》」とか「リンゴ一切《ひとき》れ50グラム」のようには決《き》まっていないのです。大《おお》きなリンゴも一個《いっこ》、小《ちい》さなリンゴも一個《いっこ》です。リンゴ以外《いがい》にも、ミカンもキウイも一個《いっこ》と数《かぞ》えます。一個《いっこ》のリンゴを四《よっ》つに切《き》り分《わ》けても、八《やっ》つに切《き》り分《わ》けても、それぞれ「一切《ひとき》れ」です。数《かぞ》え方《かた》は、ほかの数字《すうじ》や数値《すうち》に言《い》いかえられるものではなく、数《かぞ》えるものがどんな特徴《とくちょう》を持《も》っているのかを表《あらわ》している言葉《ことば》なのです。

本書《ほんしょ》では、日本語《にほんご》でよく使《つか》う数《かぞ》え方《かた》や大切《たいせつ》にしたい数《かぞ》え方《かた》を集《あつ》め、エピソードや正《ただ》しい使《つか》い方《かた》についてまとめました。助数詞《じょすうし》を五十音順《ごじゅうおんじゅん》に並《なら》べ、見開《みひら》きで読《よ》み切《き》り型《がた》にすることで、どのページからも読《よ》めるように工夫《くふう》しています。ぜひ国語辞典《こくごじてん》と同《おな》じように手《て》元《もと》に置《お》いて、表情豊《ひょうじょうゆた》かな数《かぞ》え方《かた》の魅力《みりょく》を楽《たの》しんでもらえたらと思《おも》います。

飯田朝子《いいだあさこ》

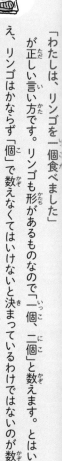

もくじ

粒つぶ

この本《ほん》の見方《みかた》

このページで出《で》てきた数《かぞ》え方《かた》のおさらい

この数《かぞ》え方《かた》に込《こ》められた意味《いみ》や歴史《れきし》、楽《たの》しい豆知識《まめちしき》など

このページで紹介《しょうかい》する数《かぞ》え方《かた》

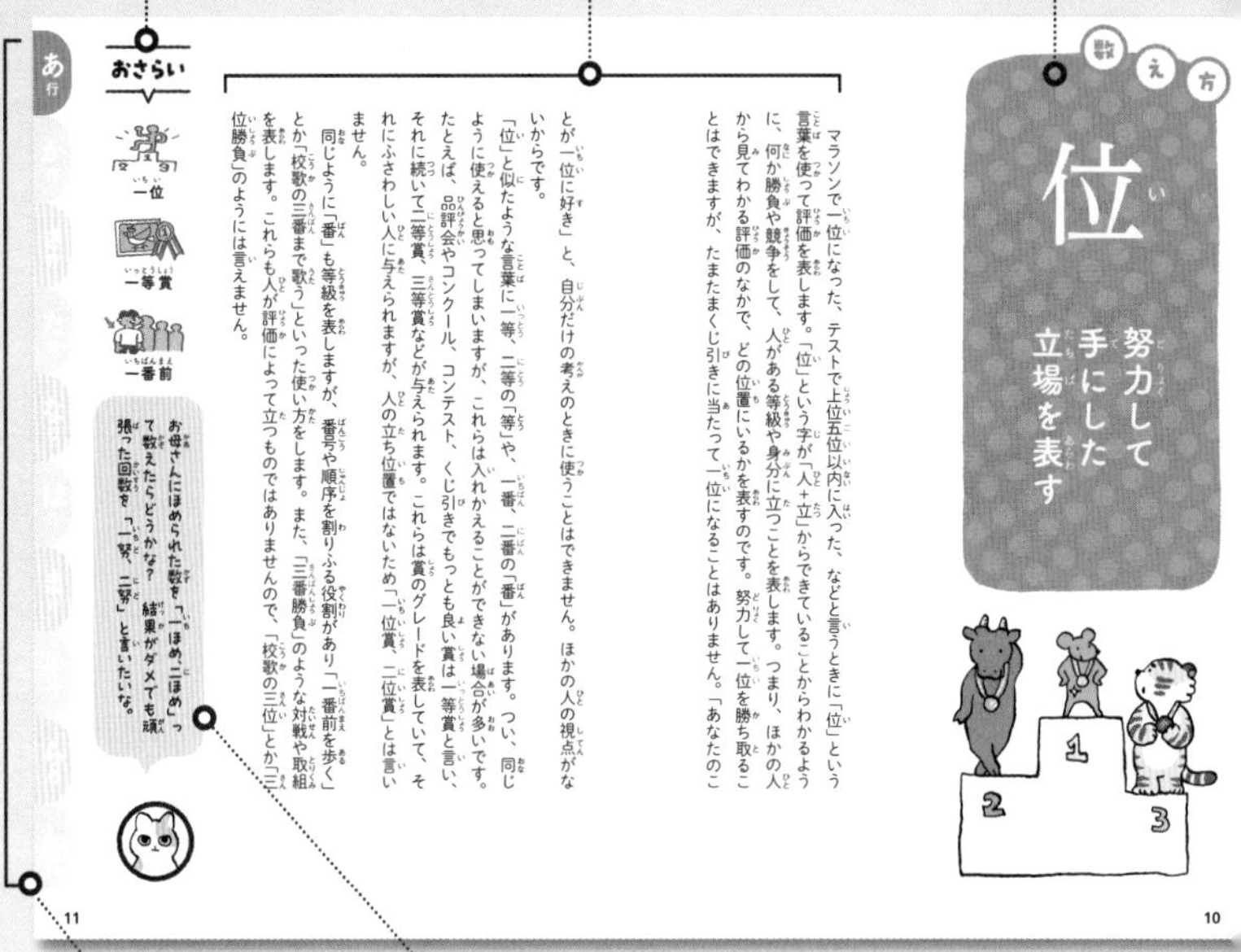

数え方
位《い》
努力《どりょく》して手《て》にした立場《たちば》を表《あらわ》す
1
2
3
10
マラソンで一位《いちい》になった、テストで上位五位以内《じょういごいいない》に入《はい》った、などと言《い》うときに「位《い》」という言葉《ことば》を使《つか》って評価《ひょうか》を表《あらわ》します。「位《い》」という字《じ》が「人《ひと》+立《たつ》」からできていることからわかるように、何《なに》か勝負《しょうぶ》や競争《きょうそう》をして、人《ひと》がある等級《とうきゅう》や身分《みぶん》に立《た》つことを表《あらわ》します。つまり、ほかの人《ひと》から見《み》てわかる評価《ひょうか》のなかで、どの位置《いち》にいるかを表《あらわ》すのです。努力《どりょく》して一位《いちい》を勝《か》ち取《と》ることはできますが、たまたまくじ引《び》きに当《あ》たって一位《いちい》になることはありません。「あなたのことが一位《いちい》に好《す》き」と、自分《じぶん》だけの考《かんが》えのときに使《つか》うことはできません。ほかの人《ひと》の視点《してん》がないからです。
「位《い》」と似《に》たような言葉《ことば》に一等《いっとう》、二等《にとう》の「等《とう》」や、一番《いちばん》、二番《にばん》の「番《ばん》」があります。つい、同《おな》じように使《つか》えると思《おも》ってしまいますが、これらは入《い》れかえることができない場合《ばあい》が多《おお》いです。たとえば、品評会《ひんぴょうかい》やコンクール、コンテスト、くじ引《び》きでもっとも良《よ》い賞《しょう》は一等賞《いっとうしょう》と言《い》い、それに続《つづ》いて二等賞《にとうしょう》、三等賞《さんとうしょう》などが与《あた》えられます。これらは賞《しょう》のグレードを表《あらわ》していて、それにふさわしい人《ひと》に与《あた》えられますが、人《ひと》の立《た》ち位置《いち》ではないため「一位賞《いちいしょう》、二位賞《にいしょう》」とは言《い》いません。
同《おな》じように「番《ばん》」も等級《とうきゅう》を表《あらわ》しますが、番号《ばんごう》や順序《じゅんじょ》を割《わ》りふる役割《やくわり》があり「一番前《いちばんまえ》を歩《ある》く」とか「校歌《こうか》の三番《さんばん》まで歌《うた》う」といった使《つか》い方《かた》をします。また、「三番勝負《さんばんしょうぶ》」のような対戦《たいせん》や取組《とりくみ》を表《あらわ》します。これらも人《ひと》が評価《ひょうか》によって立《た》つものではありませんので、「校歌《こうか》の三位《さんい》」とか「三位勝負《さんいしょうぶ》」のようには言《い》えません。
あ行
おさらい
一位《いちい》
一等賞《いっとうしょう》
一番前《いちばんまえ》
お母《かあ》さんにほめられた数《かず》を「一《いち》ほめ、二《に》ほめ」って数《かぞ》えたらどうかな? 結果《けっか》がダメでも頑《がん》張《ば》った回数《かいすう》を「一努《いちど》、二努《にど》」と言《い》いたいな。
11

数《かぞ》え方《かた》が50音順《おんじゅん》に並《なら》んでいるよ

あなたも発明《はつめい》できる、新《あたら》しい数《かぞ》え方《かた》の例《れい》など

自分《じぶん》でも作《つく》ってみたい人《ひと》は116ページも読《よ》んでみてね!

どのページから読《よ》んでも楽《たの》しいよ。
気《き》になるところから読《よ》んでね!

数え方

咫《あた》

カラスにもお箸《はし》にも使《つか》う言葉《ことば》

「咫《あた》」は、人間《にんげん》の親指《おやゆび》と人差《ひとさ》し指《ゆび》（一説《いっせつ》には中指《なかゆび》）を広《ひろ》げた長《なが》さを表《あらわ》します。人《ひと》によって手《て》の大《おお》きさはちがうので、何《なん》センチという単位《たんい》に置《お》きかえることはできませんが、古《ふる》くはものの大《おお》きさの目安《めやす》を表《あらわ》すのに使《つか》われました。

たとえば、『古事記《こじき》』という今《いま》から1300年以上前《ねんいじょうまえ》の書物《しょもつ》には「八尺《やあた》（八咫《やあた》）鏡《かがみ》を取《と》りかけ」と書《か》かれています。「八百万神《やおよろずのかみ》」のように、昔《むかし》の「八《はち》」には「たくさん」の意味《いみ》がありましたので、たいそう大《おお》きな鏡《かがみ》であったことがわかります。

八咫《やあた》は、「あ」を略《りゃく》して「やた」と短《みじか》く発音《はつおん》されることもあります。みなさんは、日本《にほん》サッカー協会《きょうかい》（JFA）のシンボルの三本足《さんぼんあし》のカラスが「八咫烏《やたがらす》」と呼《よ》ばれていることを知《し》っていますか？　このカラスは、その昔《むかし》、神武天皇《じんむてんのう》が東《ひがし》に遠征《えんせい》したとき、熊野《くまの》から大和《やまと》へぬける山中《さんちゅう》の道案内《みちあんない》をしたと言《い》われる神話《しんわ》のなかの鳥《とり》で、八咫《や(あ)た》の名《な》の通《とお》り、とても大《おお》きかったと伝《つた》えられています。

日本《にほん》サッカー協会《きょうかい》の前身《ぜんしん》が1921年《ねん》に設立《せつりつ》され、そのシンボルを考《かんが》えるとき、日本《にほん》にサッカーを広《ひろ》めた人物《じんぶつ》が熊野《くまの》に関係《かんけい》していること、そして平安時代《へいあんじだい》の蹴鞠《けまり》（ボールをけり上《あ》げる遊《あそ》び）の名人《めいじん》と言《い》われた藤原成通《ふじわらのなりみち》が技《わざ》を神様《かみさま》にお見《み》せするために熊野《くまの》を訪《おとず》れたことにちなんで、八咫烏《やたがらす》が選《えら》ばれたと言《い》われています。

あなたの「咫《あた》」は何《なん》センチでしょうか？　自分《じぶん》の手《て》に合《あ》ったお箸《はし》は一咫半《ひとあたはん》の長《なが》さが良《よ》いと言《い》います。指《ゆび》を広《ひろ》げた長《なが》さの1・5倍《ばい》くらいの長《なが》さ（実際《じっさい》はそれより少《すこ》し短《みじか》いもの）が適《てき》しているそうです。

おさらい

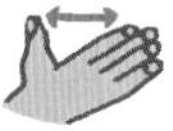

一咫《ひとあた》

「咫《あた》」ってお箸《はし》の長《なが》さ以外《いがい》にも使《つか》えそう。たとえば、持《も》ちやすい鉛筆《えんぴつ》の長《なが》さとか、なわとびの持《も》ち手《て》の長《なが》さとか、もっと生活《せいかつ》で使《つか》ってみたい。

数え方

位《い》

努力《どりょく》して手《て》にした立場《たちば》を表《あらわ》す

マラソンで一位《いちい》になった、テストで上位五位以内《じょういごいいない》に入《はい》った、などと言《い》うときに「位《い》」という言葉《ことば》を使《つか》って評価《ひょうか》を表《あらわ》します。「位《い》」という字《じ》が「人《ひと》+立《たつ》」からできていることからわかるように、何《なに》か勝負《しょうぶ》や競争《きょうそう》をして、人《ひと》がある等級《とうきゅう》や身分《みぶん》に立《た》つことを表《あらわ》します。つまり、ほかの人《ひと》から見《み》てわかる評価《ひょうか》のなかで、どの位置《いち》にいるかを表《あらわ》すのです。努力《どりょく》して一位《いちい》を勝《か》ち取《と》ることはできますが、たまたまくじ引《び》きに当《あ》たって一位《いちい》になることはありません。「あなたのこ

とが一位《いちい》に好き」と、自分だけの考えのときに使うことはできません。ほかの人の視点がないからです。

「位《い》」と似《に》たような言葉《ことば》に一等《いっとう》、二等《にとう》の「等《とう》」や、一番《いちばん》、二番《にばん》の「番《ばん》」があります。つい、同《おな》じように使《つか》えると思《おも》ってしまいますが、これらは入《い》れかえることができない場合《ばあい》が多《おお》いです。

たとえば、品評会《ひんぴょうかい》やコンクール、コンテスト、くじ引《び》きでもっとも良《よ》い賞《しょう》は一等賞《いっとうしょう》と言《い》い、それに続《つづ》いて二等賞《にとうしょう》、三等賞《さんとうしょう》などが与《あた》えられます。これらは賞《しょう》のグレードを表《あらわ》していて、それにふさわしい人《ひと》に与《あた》えられますが、人《ひと》の立《た》ち位置《いち》ではないため「一位賞《いちいしょう》、二位賞《にいしょう》」とは言《い》いません。

同《おな》じように「番《ばん》」も等級《とうきゅう》を表《あらわ》しますが、番号《ばんごう》や順序《じゅんじょ》を割《わ》りふる役割《やくわり》があり「一番前《いちばんまえ》を歩《ある》く」とか「校歌《こうか》の三番《さんばん》まで歌《うた》う」といった使《つか》い方《かた》をします。また、「三番勝負《さんばんしょうぶ》」のような対戦《たいせん》や取組《とりくみ》を表《あらわ》します。これらも人《ひと》が評価《ひょうか》によって立《た》つものではありませんので、「校歌《こうか》の三位《さんい》」とか「三《さん》位勝負《いしょうぶ》」のようには言《い》えません。

おさらい

一位《いちい》

一等賞《いっとうしょう》

一番前《いちばんまえ》

お母《かあ》さんにほめられた数《かず》を「一《いち》ほめ、二《に》ほめ」って数《かぞ》えたらどうかな？ 結果《けっか》がダメでも頑《がん》張《ば》った回数《かいすう》を「一努《いちど》、二努《にど》」と言《い》いたいな。

数え方

折《おり》

ごちそうの玉手箱《たまてばこ》を数《かぞ》える

遠足《えんそく》や運動会《うんどうかい》に持《も》っていくお弁当《べんとう》、いつも楽《たの》しみですよね。食事《しょくじ》は一食《いっしょく》、二食《にしょく》と数《かぞ》えますが、お弁当箱《べんとうばこ》に入《はい》っている場合《ばあい》は一個《いっこ》、二個《にこ》と数《かぞ》えます。お箸《はし》は一膳《いちぜん》、箸箱《はしばこ》は一個《いっこ》ですね。「弁当《べんとう》」という言葉《ことば》は、昔《むかし》の中国《ちゅうごく》で「便当」と書《か》き、「便利《べんり》なもの」から「持《も》ち歩《ある》ける食事《しょくじ》」に変化《へんか》して「弁《べん》」の字《じ》が当《あ》てられました。日本《にほん》でも平安《へいあん》から鎌倉時代《かまくらじだい》にかけて発達《はったつ》し、旅人《たびびと》たちがおにぎりなどを持《も》ち運《はこ》んだり、武士《ぶし》がいくさで食事《しょくじ》をとったりするときなどに活用《かつよう》してきた

携帯食を「弁当」と言います。現代でも、コンビニのお弁当を「個」で数えますよね。「一個のお弁当《べんとう》」と言《い》うと、手軽《てがる》で持《も》ち運《はこ》びができる食事《しょくじ》というイメージが強《つよ》くなります。

しかし、お弁当《べんとう》によっては一個《いっこ》ではなく一折《ひとおり》と数《かぞ》えることもあります。プラスチックが使《つか》われていなかった時代《じだい》、手軽《てがる》な食事《しょくじ》は竹《たけ》の皮《かわ》や笹《ささ》の葉《は》で包《つつ》んで持《も》ち歩《ある》きました。一方《いっぽう》、高級《こうきゅう》な食材《しょくざい》をつめた弁当《べんとう》には折箱《おりばこ》が使《つか》われていました。折箱《おりばこ》とは、杉《すぎ》や桐《きり》などの木《き》から採《と》った薄《うす》い板《いた》を、職人《しょくにん》が折《お》り曲《ま》げて作《つく》る器《うつわ》です。季節《きせつ》の絵柄《えがら》をあしらったり、長方形《ちょうほうけい》、正方形《せいほうけい》、丸型《まるがた》、八角形《はっかくけい》といった、こったデザインにすることもできます。持《も》ち歩《ある》くというよりも、ぜいたくを楽《たの》しむための木《き》の芸術《げいじゅつ》——そういった使《つか》い方《かた》もありました。そのため、「お弁当一折《べんとうひとおり》」と数《かぞ》えると、ごちそうがたくさんつまった玉手箱《たまてばこ》を開《あ》ける楽《たの》しみを演出《えんしゅつ》できるのです。お弁当屋《べんとうや》さんによっては千円以上《せんえんいじょう》の高級《こうきゅう》お弁当《べんとう》を一折《ひとおり》と数《かぞ》え、一個《いっこ》のお弁当《べんとう》とはグレードがちがうことをアピールしている場合《ばあい》もあります。

おさらい

一個《いっこ》

一膳《いちぜん》

一折《ひとおり》

天然素材《てんねんそざい》を使《つか》った容器《ようき》のお弁当《べんとう》を「一折《ひとおり》」と数《かぞ》えて、使《つか》い捨《す》てないでおけば環境《かんきょう》にいいかも。

数え方

貫《かん》

意外《いがい》と新《あたら》しい寿司《すし》の数《かぞ》え方《かた》

お寿司《すし》は好《す》きですか？　にぎり寿司《ずし》は一貫《いっかん》と数《かぞ》えることが多《おお》いですね。「貫《かん》」は寿司《すし》が誕《たん》生《じょう》したころからある古《ふる》い数《かぞ》え方《かた》だと思《おも》われがちですが、じつは歴史《れきし》がとても浅《あさ》いのです。

江戸時代《えどじだい》に登場《とうじょう》した料理《りょうり》・にぎり寿司《ずし》は、明治《めいじ》や大正時代《たいしょうじだい》までは一個《いっこ》とか一ツ《ひとつ》、一《ひと》つと数《かぞ》えられていました。たとえば、大正時代《たいしょうじだい》に書《か》かれた志賀直哉《しがなおや》の『小僧《こぞう》の神様《かみさま》』という小説《しょうせつ》には寿司《すし》を数《かぞ》える場面《ばめん》が登場《とうじょう》しますが、そこでは一《ひと》つと書《か》かれています。いろいろ調《しら》べてみましたが、当時「かん」の数え方は書き言葉では登場していませんでした。

　昭和時代《しょうわじだい》に入《はい》り、料理人《りょうりにん》の間《あいだ》で仕上《しあ》げた品《しな》を二個《にこ》盛《も》りつけることを「にかん盛《も》り」と言《い》っていました。二個《にこ》や二《に》ケ《け》がなまってにかんになったようです。その後《ご》、昭和末期《しょうわまっき》、1990年《ねん》前後《ぜんご》のバブル期《き》にグルメブームが巻《ま》き起《お》こり、メディアでお寿司屋《すしや》さんが多《おお》く紹介《しょうかい》されるようになりました。そのときに、寿司職人《すししょくにん》が業界用語《ぎょうかいようご》で「にかん盛《も》り」と言《い》っていたのを聞《き》いたグルメリポーターが「寿司《すし》の数《かぞ》え方《かた》として紹介《しょうかい》しよう」と伝《つた》えてしまったため、一気《いっき》に広《ひろ》まりました。そこから、さらに軍艦巻《ぐんかんま》きは一艦《いっかん》と数《かぞ》えるといった、しゃれた表現《ひょうげん》が生《う》まれていきました。

　なぜ「貫《かん》」という漢字《かんじ》を使《つか》うことが多《おお》いのかは、はっきりとはわかっていませんが、にぎり寿司《ずし》の大《おお》きさが紐《ひも》を通《とお》した穴《あな》あき銭《せん》一貫分《いっかんぶん》の大《おお》きさと同《おな》じだったからという説《せつ》もあります。しかし、老舗《しにせ》のおしながきに「貫《かん》」という字《じ》は今《いま》も使《つか》われていません。代《か》わりに一《いっ》かんや一《いっ》カ《か》ン《ん》と書《か》かれています。

おさらい

一《ひと》つ・一個《いっこ》・一貫《いっかん》

一艦《いっかん》

一《ひと》巻《ま》き

いなり寿司

一個《いっこ》

一桶《ひとおけ》

いなり寿司《ずし》は特別《とくべつ》に「一狐《ひときつね》、二狐《ふたきつね》」って数《かぞ》えるのはどう？

数え方

基《き》

ベンチからピラミッドまで数《かぞ》える

「基《き》」の字《じ》には、建物《たてもの》の土台《どだい》や物事《ものごと》の礎《いしずえ》となるものという意味《いみ》があります。基本《きほん》や基礎《きそ》といった言葉《ことば》からも「基《き》」は何《なに》かの「もと」、ゆるがないものを表《あらわ》します。人間《にんげん》一人《ひとり》の手《て》では動《うご》かすことができない施設《しせつ》や設置物《せっちぶつ》などを「基《き》」で数《かぞ》えることが多《おお》いです。

たとえば、休憩《きゅうけい》するのによく利用《りよう》する公園《こうえん》のベンチは**一基**《いっき》、**二基**《にき》と数《かぞ》えます。座《すわ》るものであっても、いすを数《かぞ》える「脚《きゃく》」やソファを数《かぞ》える「台《だい》」などとはちがうのです。理由《りゆう》は、公園《こうえん》のベンチの設置の仕方にあります。ベンチは固定してあって、人が勝手に動かしたりできない施設《しせつ》の一部《いちぶ》。家具《かぐ》とはちがうのです。ほかにも街中《まちなか》には、信号機《しんごうき》、歩道橋《ほどうきょう》、エスカレーターやエレベーターなど、みんなで使《つか》う動《うご》かせないものがあり、これらも「基《き》」で数《かぞ》えます。

さらに大《おお》きいものになると、タワー、観覧車《かんらんしゃ》、ダム、原子力発電所《げんしりょくはつでんしょ》も同《おな》じ数《かぞ》え方《かた》をします。じつは、みなさんがお彼岸《ひがん》などにお参《まい》りをするお墓《はか》も一基《いっき》、二基《にき》と数《かぞ》えますが、昔《むかし》の偉《えら》い人《ひと》たちが眠《ねむ》る古墳《こふん》やピラミッドも同《おな》じ数《かぞ》え方《かた》をします。「基《き》」は、人間《にんげん》が活動《かつどう》したり生活《せいかつ》したりする空間《くうかん》にはないもの、施設《しせつ》を数《かぞ》えます。

意外《いがい》にも、地球《ちきゅう》の周《まわ》りをまわる人工衛星《じんこうえいせい》も打《う》ち上《あ》げられると一基《いっき》、二基《にき》と数《かぞ》えます。地《じ》面《めん》に固定《こてい》されていないのに、なぜかふしぎですよね。これは、軌道《きどう》で機能《きのう》するものだから。空《そら》に浮《う》かんでいても、据《す》えつけるという「基《き》」の意味《いみ》が生《い》かされているのです。

おさらい

一基《いっき》

一基《いっき》

一基《いっき》

一基《いっき》

数え方

簣《き》

最後《さいご》の成果《せいか》を象徴的《しょうちょうてき》に数《かぞ》える

「簣《き》」とは「もっこ」のこと。土《つち》を運搬《うんぱん》するための、縄《なわ》などで編《あ》んだかごのことを指《さ》します。そこから、そのかごで運《はこ》んだ一杯《いっぱい》の土《つち》を一簣《いっき》と言《い》います。「簣《き》」は単《たん》に土《つち》の量《りょう》を表《あらわ》すのではなく、物事《ものごと》を完成《かんせい》させるときの最後《さいご》の重要《じゅうよう》な部分《ぶぶん》、なくてはならない功績《こうせき》や成果《せいか》という意味《いみ》でも使《つか》います。たとえば、「九仞《きゅうじん》の功《こう》を一簣《いっき》にかく」ということわざがあります。「九仞《きゅうじん》」とは中国《ちゅうごく》で昔使《むかしつか》われた長《なが》さの単位《たんい》で、長《なが》い間積《あいだつ》み重《かさ》ねてきた努力《どりょく》や時間《じかん》の象徴《しょうちょう》です。一簣《いっき》は最後《さいご》の

一歩、あるいは少しの努力を表します。このことわざでは「欠く」と言っていますので、かご一杯分《いっぱいぶん》の最後《さいご》の土《つち》がないことで、これまでの苦労《くろう》が水《みず》の泡《あわ》になることをわれわれに警告《けいこく》しています。

現代《げんだい》では「簣《き》」を使《つか》ってものを数《かぞ》えるのはめずらしいので、あまりひんぱんに使《つか》うことはありません。ブルドーザーやパワーショベルで一気《いっき》に土《つち》を動《うご》かすことも可能《かのう》ですよね。でも、昔《むかし》の人《ひと》が人力《じんりき》だけで大《おお》きな建築物《けんちくぶつ》を造《つく》っていた時代《じだい》には、縄《なわ》などで編《あ》んだかごで土《つち》を運《はこ》んでいましたので、根気《こんき》と時間《じかん》が今《いま》よりもはるかに必要《ひつよう》でした。**一簣**《いっき》以外《いがい》に「二簣《にき》」や「三簣《さんき》」という場面《ばめん》もあまりありませんが、ちょっとした最後《さいご》の油断《ゆだん》で失敗《しっぱい》することがないよう慎重《しんちょう》に事《こと》を進《すす》めようといった、みんなの気持《きも》ちを引《ひ》きしめたい場面《ばめん》で使《つか》います。教訓《きょうくん》をふくむことわざの一部《いちぶ》として覚《おぼ》えておくとよいでしょう。

おさらい

一簣《いっき》

ちょっとした不足分《ふそくぶん》を補《おぎな》うものを「一補《いちほ》、二補《にほ》」と数《かぞ》えたいな。たとえば、「お弁当《べんとう》のおかずがちょっと足《た》りない。あと『一補《いちほ》』あったらなぁ」とかね。

数え方

脚《きゃく》

いす以外《いがい》も数《かぞ》える

わたしたちのまわりには、腰《こし》をかけるために作《つく》られたものがたくさんあります。たとえば、学校《がっこう》で座《すわ》るいす、家《いえ》で食事《しょくじ》をするいす、テレビを見《み》たりゲームをしたりするときにくつろぐソファ、そして図書館《としょかん》などに置《お》いてあるスツールといったものに親《した》しみがあるでしょう。

いすはふつう一脚《いっきゃく》と数《かぞ》え、助数詞《じょすうし》「脚《きゃく》」は、脚《あし》のある家具《かぐ》を数《かぞ》えます。とはいえ、ソファや座《ざ》いすのように脚《あし》が短《みじか》いものは一脚《いっきゃく》より一台《いちだい》と数《かぞ》えたほうがよいでしょう。ブロック状《じょう》の小《ちい》

おさらい

一脚《いっきゃく》

一台《いちだい》

一個《いっこ》

一本《いっぽん》

一脚《いっきゃく》

二人三脚《ににんさんきゃく》

さいいす、床置きクッションのように脚がないものは一個、二個と数えます。イベントのときに体育館《たいいくかん》などに並《なら》べて使《つか》うパイプいすは、折《お》りたたんで出《だ》し入《い》れ作業《さぎょう》ができるので一本《いっぽん》、二本《にほん》と数《かぞ》えることがあります。

「脚《きゃく》」は、テーブルや机《つくえ》、棚《たな》、ベッドも数《かぞ》える場合《ばあい》があります。また古《ふる》い映画《えいが》に出《で》てくるネコ脚《あし》のバスタブを数《かぞ》えることもありますので、いすのみの数《かぞ》え方《かた》というのは正《ただ》しくありません。脚《あし》がスラリとある家具《かぐ》や道具《どうぐ》なら、みんな「脚《きゃく》」を使《つか》うことができるのです。意外《いがい》に思《おも》うのは、ワイングラスも「脚《きゃく》」で数《かぞ》えるということ。たしかにワイングラスは一本《いっぽん》の脚《あし》が出《で》ていて、優雅《ゆうが》に飲《の》み物《もの》を支《ささ》えていますね。

運動会《うんどうかい》で「二人三脚《ににんさんきゃく》」とか「九人十脚《きゅうにんじっきゃく》」といった競技《きょうぎ》をやったことがあるでしょう。「脚《きゃく》」はもともと、馬《うま》の脚《あし》（蹄鉄《ていてつ》）も数《かぞ》えました。馬一頭《うまいっとう》で四脚《よんきゃく》です。そこから二人以上《ふたりいじょう》の人《ひと》が内側《うちがわ》にある足《あし》をくって走《はし》る競技《きょうぎ》の名前《なまえ》になりました。参加人数《さんかにんずう》に一《いち》を足《た》した数《かず》が「脚《あし》」の数《かず》になります。

数え方

件《けん》

事件《じけん》も「いいね！」も数《かぞ》える

きょう、こちらの家《いえ》に強盗《ごうとう》が入《はい》り…
大事件《だいじけん》！
あれ、私《わたし》たちの家《いえ》じゃ…

「件《けん》」は、たくさん使《つか》う機会《きかい》がありながら、「じゃあ、『件《けん》』は何《なに》を数《かぞ》える？」と聞《き》かれたときに説明《せつめい》がむずかしい助数詞《じょすうし》です。人《ひと》や物《もの》が出会《であ》い、そこで何《なに》かが発生《はっせい》し、そしてその結果《けっか》を数《かぞ》える表現《ひょうげん》です。「件《けん》」の字《じ》は、「人《ひと》や牛《うし》（人間以外《にんげんいがい》のもの）」が出会《であ》うこと、転《てん》じて個々《ここ》の物《もの》の間《あいだ》に生《う》まれることを表《あらわ》します。

では、「件《けん》」で数《かぞ》えるものを思《おも》いつく順《じゅん》に挙《あ》げてみましょう。ニュースなどを見《み》ていると、事件や事故、犯罪の数を「件」で数えていますよね。たとえば、「ゆうべ近所で火事が二件あった」「昨年《さくねん》は交通事故《こうつうじこ》が三百件以上発生《さんびゃっけんいじょうはっせい》」のように言《い》っています。ある年《とし》の新聞記事《しんぶんきじ》で「件《けん》」が使《つか》われている例《れい》を調《しら》べると、もっとも多《おお》いのが事件《じけん》や事故《じこ》の報道《ほうどう》（16％）で、続《つづ》いて相談《そうだん》や問《と》い合《あ》わせ数《すう》を伝《つた》える記事《きじ》（15％）、調査《ちょうさ》や検査《けんさ》、摘発《てきはつ》などの記事《きじ》（12％）が上位《じょうい》で、事件《じけん》や案《あん》件《けん》が中心《ちゅうしん》でした。「件《けん》」を目《め》にする場面《ばめん》が好《この》ましくないこと、悪《わる》いことが多《おお》いため、わたしたちはしばしば助数詞《じょすうし》「件《けん》」は良《よ》くない出来事《できごと》を数《かぞ》えるのかと思《おも》ってしまいがちです。

しかし、「件《けん》」は別《べつ》のものを数《かぞ》えることもあります。たとえば、結婚《けっこん》や出産《しゅっさん》の数《かず》、ボランティアの申《もう》しこみの数《かず》なども「件《けん》」で数《かぞ》えます。ネットでのアクセス数《すう》や「いいね！」の数《かず》などにも「件《けん》」が使《つか》われますので、明《あか》るい話題《わだい》にも「件《けん》」は活躍《かつやく》します。「件《けん》」は良《よ》くないことを数《かぞ》えるのに使《つか》われる助数詞《じょすうし》ではなく、相手《あいて》に対《たい》する働《はたら》きかけが達成《たっせい》されたときに、その達成数《たっせいすう》を数《かぞ》えているのです。積極的《せっきょくてき》な意味《いみ》でも「件《けん》」を使《つか》っていくといいでしょう。

おさらい

一件《いっけん》

一件《いっけん》

一件《いっけん》

楽《たの》しい出来事《できごと》は「一喜《いっき》」、いやな出来事《できごと》は「一憂《いちゆう》」で数《かぞ》えたい。学級新聞《がっきゅうしんぶん》にのせる話題《わだい》の数《かず》は「一《ひと》ネタ、二《ふた》ネタ」だったらおもしろそう。

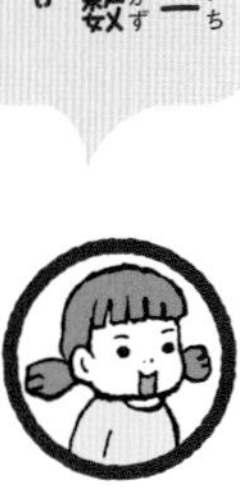

数え方

個《こ》

台風《たいふう》から細菌《さいきん》まで数《かぞ》える

「なんでも一個《いっこ》、二個《にこ》と数《かぞ》えられたら楽《らく》なのに」といった声《こえ》を時々《ときどき》聞《き》きます。たしかに「個《こ》」という数《かぞ》え方《かた》は広《ひろ》く使《つか》えて便利《べんり》ですよね。漢字《かんじ》の「個《こ》」は、「箇《こ》」とも書《か》き、独立《どくりつ》したものを表《あらわ》します。一《いっ》か月《げつ》の「か」や、昔《むかし》の表示《ひょうじ》で一ケ《いっこ》と書《か》かれている「ケ《こ》」も、「個《こ》」と同《おな》じです。

本当《ほんとう》に「個《こ》」はなんでも数《かぞ》えられるのでしょうか？　たとえば、人間《にんげん》や動物《どうぶつ》を「個《こ》」で数《かぞ》えることはできません。生《い》き物《もの》は数《かぞ》えられないのです。しかも、平《たい》らだったり、細長《ほそなが》いものは数《かぞ》

えにくいという性質《せいしつ》があります。たとえば、カップケーキは一個と数えますが、高さや厚みがないクッキーは一枚《いちまい》と数《かぞ》えます。同《おな》じように、積《つ》み木《き》は一個《いっこ》ですが、生《は》えている木《き》は一本《いっぽん》と数《かぞ》えます。このことから「個《こ》」で数《かぞ》えられるものには、形《かたち》の決《き》まりがあります。

「個《こ》」は、手《て》に取《と》れないものや目《め》に見《み》えないものも数《かぞ》えられます。たとえば、台風《たいふう》は上陸順《じょうりくじゅん》に第一号《だいいちごう》、第二号《だいにごう》のように言《い》いますが、発生数《はっせいすう》や上陸数《じょうりくすう》をまとめて言《い》うときには「今年《ことし》は九州地方《きゅうしゅうちほう》を四個《よんこ》もの台風《たいふう》が直撃《ちょくげき》した」のように「個《こ》」を使《つか》います。また、細胞《さいぼう》、細菌《さいきん》、花粉《かふん》といった見《み》えにくい小《ちい》さいものも「細胞十個《さいぼうじっこ》を取《と》りだす」「花粉《かふん》の飛散数《ひさんすう》1㎤あたり三個《さんこ》」のように言《い》います。これらは一《ひと》つ、二《ふた》つと言《い》ってもまちがいではありませんが、「つ」は1～9までしか付《つ》くことができません。「個《こ》」は10以上《いじょう》の数《かず》やゼロ、小数《しょうすう》にも付《つ》きますので、「平均《へいきん》三・五個《さんてんごこ》の台風《たいふう》が上陸《じょうりく》」とか「花粉《かふん》の数《かず》は0個《ぜろこ》」のように言《い》うことができます。

このほかにも「学年《がくねん》が一個上《いっこうえ》」といった、形《かたち》がないものを数《かぞ》えるのにも使《つか》います。

おさらい

一個《いっこ》

一個《いっこ》

一本《いっぽん》

一個《いっこ》

一個《いっこ》

一枚《いちまい》

数え方

口 こう（くち）

釣鐘《つりがね》から応募《おうぼ》まで数《かぞ》える

「口」は、「こう」とも「くち」とも読《よ》み、生《い》き物《もの》の口《くち》を表《あらわ》します。そこから、「口《くち》のような形《かたち》をしたもの」「口《くち》が開《あ》いているもの」、そのほか「分担《ぶんたん》」を数《かぞ》えるときに使《つか》われます。

たとえば、食事《しょくじ》を煮《に》たり炊《た》いたりするための釜《かま》や鍋《なべ》などは、丸《まる》い縁《ふち》が口《くち》のように開《あ》いている道具《どうぐ》なので、一口《いっこう》、二口《にこう》と数《かぞ》えます。水《みず》をためておくためのかめ、食《た》べ物《もの》を盛《も》る鉢《はち》、壺《つぼ》なども上《うえ》から見《み》ると、すべて〝○〟の形《かたち》をした口《くち》が開《あ》いているため、「口《こう》」で数《かぞ》えます。かまど（昔《むかし》

は「へっつい」とも言《い》いました）には釜や鍋をかける穴があり、「口」の形をしているため、同じ発想《はっそう》で一口《いっこう》、二口《にこう》と数《かぞ》えます。現在《げんざい》、家庭《かてい》で使《つか》っているガスや電気《でんき》のコンロを「三口《みつくち》コンロ」のように言《い》いますが、これは昔《むかし》のかまどにあった「口《こう》」の数《かぞ》え方《かた》のなごりです。

「口《こう》」は、家庭《かてい》にある道具《どうぐ》にかぎらず、寺《てら》にある釣鐘《つりがね》や梵鐘《ぼんしょう》も一口《いっこう》、二口《にこう》と数《かぞ》えます。鐘《かね》は湯《ゆ》のみを伏《ふ》せたような形《かたち》をしていますが、下《した》から見《み》ると丸《まる》い口《くち》の形《かたち》をしていますね。鐘《かね》をつく人《ひと》はいつも口《くち》を見上《みあ》げますので、この数《かぞ》え方《かた》になったのも、ふしぎはありません。

そのほかにも「口《こう》」は、「くち」と呼《よ》んで分担《ぶんたん》や取引《とりひき》の単位《たんい》も表《あらわ》します。お金《かね》の寄付《きふ》を募《つの》るときに「一口一万円《ひとくちいちまんえん》」のように設定《せってい》したり、なにかに応募《おうぼ》して、そのなかから当選者《とうせんしゃ》が選《えら》ばれる「懸賞《けんしょう》」の応募単位《おうぼたんい》を数《かぞ》えます。キャンペーンなどで「シール10枚《まい》で一口《ひとくち》、お一人様三口《ひとりさまさんくち》まで応募可《おうぼか》」のように言《い》うのはおなじみですね。

おさらい

一口《いっこう》

一口《いっこう》（一口《ひとくち》）

一口《いっこう》

一口《ひとくち》

コンロは「みつくち」、応募《おうぼ》は「さんくち」と、「三」を読《よ》み分《わ》けるよ。

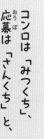

クイズ1

生《い》き物《もの》の数《かぞ》え方《かた》

（　）のなかに入《はい》る正《ただ》しい数《かぞ》え方《かた》はどれ？　一《ひと》つ選《えら》びましょう。

①わたしは、ネコを3（　　）飼《か》っています。

頭《とう》、羽《わ》、匹《びき》

②キリンが2（　　）、木《こ》の葉《は》を食《た》べています。

頭《とう》、匹《ひき》、体《たい》

③南極《なんきょく》の氷《こおり》の上《うえ》を、100（　　）以上《いじょう》のペンギンが歩《ある》いていました。

尾《び》、羽《わ》、頭《とう》

④
市場《いちば》で、水揚《みずあ》げされた新鮮《しんせん》なイカが
10（　　　）売《う》られていました。

匹《ぴき》、尾《び》、杯《ぱい》

⑤
わたしの学校《がっこう》では、ニワトリとウサギ、
合《あ》わせて10（　　　）飼育《しいく》しています。

頭《とう》、羽《ば》、尾《び》

⑥
5（　　　）のオニが村《むら》にやってきて、
人々《ひとびと》の家《いえ》を荒《あ》らしました。

人《にん》、頭《とう》、匹《ひき》

★こたえは１１８ページにあります。

数え方

座《ざ》

星《ほし》や山《やま》を数《かぞ》える

「座《ざ》」には、「座《すわ》る」の意味《いみ》からわかるように、腰《こし》を下《お》ろす、地位《ちい》につく、動《うご》きを止《と》めるといった意味《いみ》があります。また、「座敷《ざしき》」や「座長《ざちょう》」のように、集《あつ》まりを表《あらわ》します。これらの広《ひろ》い意味《いみ》を持《も》つので、助数詞《じょすうし》「座《ざ》」は、さまざまなもの、大《おお》きくてロマンをかきたてるものを数《かぞ》えるのに使《つか》われます。

まずは「夏《なつ》の夜空《よぞら》で有名《ゆうめい》なのが、こと座《ざ》、わし座《ざ》、はくちょう座《ざ》の三座《さんざ》です」のように、星《せい》座を数えるときです。「座」は星の集まり、星の配置を神話の人物や生き物などに見立てたもので、現在《げんざい》は八十八座《はちじゅうはちざ》があります。同《おな》じ位置《いち》に星《ほし》が座《すわ》っていますので「座《ざ》」という数《かぞ》え方《かた》がぴったりです。

座《すわ》ると言《い》えば、高《たか》い山《やま》、登山家《とざんか》が挑戦《ちょうせん》するような険《けわ》しい山《やま》も「座《ざ》」で数《かぞ》えます。「高峰五座《こうほうござ》」のように言《い》います。世界《せかい》には標高《ひょうこう》8000mを超《こ》える山《やま》が全部《ぜんぶ》で十四座《じゅうよんざ》あり、これらをまとめて「8000m峰十四座《ほうじゅうよんざ》」と言《い》います。なぜ山《やま》を「座《ざ》」と数《かぞ》えるかには諸説《しょせつ》ありますが、古《ふる》くから山《やま》には神様《かみさま》が宿《やど》っていて「そこに神様《かみさま》が座《すわ》っている」と考《かんが》えられていることから、「座《ざ》」という数《かぞ》え方《かた》になったと言《い》われています。

神様《かみさま》や仏様《ほとけさま》が座《すわ》っている場所《ばしょ》や姿《すがた》も「座《ざ》」で数《かぞ》えることがあります。有名《ゆうめい》な神社《じんじゃ》を八《やっ》つめぐるのを「八座《はちざ》めぐり」と言《い》います。立《た》っている仏像《ぶつぞう》は一体《いったい》や一尊《いっそん》と数《かぞ》えますが、座《すわ》っている大《だい》仏《ぶつ》などは一座《いちざ》と数《かぞ》えます。そこからイメージして、もくもくとした積乱雲《せきらんうん》(入道雲《にゅうどうぐも》)は、座《すわ》っている大仏像《だいぶつぞう》のように見《み》えるので「夏空《なつぞら》に入道雲《にゅうどうぐも》が二座《にざ》わきあがった」と数《かぞ》えることもあります。

おさらい

一座《いちざ》

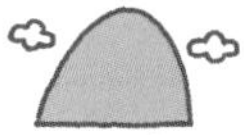

一座《いちざ》

一座《いちざ》

一座《いちざ》

電車《でんしゃ》やバスの優先席《ゆうせんせき》も「一座《いちざ》」って数《かぞ》えたら大切《たいせつ》に思《おも》われそう。

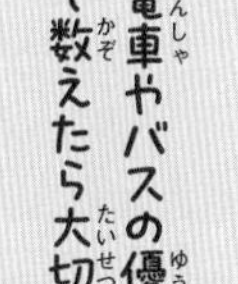

数え方

棹《さお》

タンスや三味線《しゃみせん》を数《かぞ》える

「さお」と言《い》えば、「物干《ものほ》しざお」とか「釣《つ》りざお」「旗《はた》ざお」のように、細長《ほそなが》い道具《どうぐ》に使《つか》われます。これが、昔《むかし》のタンスを数《かぞ》えるのに使《つか》われていたと知《し》ったら驚《おどろ》きますね。なぜタンスが一《ひと》棹《さお》、二棹《ふたさお》なのでしょうか。

江戸時代《えどじだい》に使《つか》われていたタンスは、細長《ほそなが》くはありませんが、現在《げんざい》のものよりもずっと小《こ》ぶりでした。タンスの両脇《りょうわき》の上《うえ》の部分《ぶぶん》に黒《くろ》くて頑丈《がんじょう》な金具《かなぐ》が二個《にこ》取《と》りつけられているのを博物《はくぶつ》館などで見たことがあるでしょうか。この金具を引き上げると、ちょうどにぎりこぶしが一つ入《はい》るほどの空間《くうかん》ができます。これは何《なに》かと言《い》うと、タンスを運《はこ》ぶときに竹《たけ》ざおを通《とお》すための金具《かなぐ》なのです。昔《むかし》は、引《ひ》っこしのときはもちろん、火事《かじ》などで家財道具《かざいどうぐ》を急《いそ》いで運《はこ》びだす必要《ひつよう》がたびたびありました。タンスの金具《かなぐ》を引《ひ》き上《あ》げ、さおを一本通《いっぽんとお》して、二人《ふたり》で駕籠《かご》のようにして肩《かた》に担《かつ》いで移動《いどう》させたのです。タンスの数《かず》と運《はこ》びだすためのさおの数《かず》が同《おな》じだったため、タンスの数《かぞ》え方《かた》が「さお」になったのです。

「棹《さお》」は、ようかんを数《かぞ》えるときにも使《つか》われます。ようかんやういろうといった和菓子《わがし》は、棒状《ぼうじょう》にして作《つく》られ、売《う》られているので「さおもの菓子《がし》」と呼《よ》ばれます。たとえば、ようかん一《ひと》棹《さお》を買《か》って、一切《ひとき》れ、二切《ふたき》れに切《き》り分《わ》けて食《た》べるのです。

ほかに、三味線《しゃみせん》も一棹《ひとさお》、二棹《ふたさお》と数《かぞ》えます。これは三味線《しゃみせん》の柄《え》（持《も》って演奏《えんそう》するところ）の形《かたち》が細長《ほそなが》いからです。「さお」本来《ほんらい》の、細長《ほそなが》いものを数《かぞ》える意味《いみ》が生《い》きています。

おさらい

一棹《ひとさお》

ようかん

一棹《ひとさお》
（切《き》ると一切《ひとき》れ）

一棹《ひとさお》

三味線《しゃみせん》が「一棹《ひとさお》」なら、ギターは「一《いち》ネック」がいいかも。シリアルバーや細長《ほそなが》い洋《よう》菓子《がし》は「一《いち》バー、二《に》バー」って数《かぞ》えたいな。

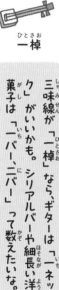

数え方

冊《さつ》

綴《と》じた紙《かみ》の書物《しょもつ》を数《かぞ》える

今《いま》、あなたが手《て》にしている本《ほん》を閉《と》じて、上《うえ》から見《み》てください。紙《かみ》が束《たば》ねてあって、「冊《さつ》」の字《じ》のように見《み》えてきませんか。漢字《かんじ》の「冊《さつ》」は、木簡《もっかん》や竹簡《ちくかん》を紐《ひも》や糸《いと》で束《たば》ねて綴《と》じた形《かたち》の象形《しょうけい》文字《もじ》に由来《ゆらい》します。文字《もじ》の中心《ちゅうしん》を貫《つらぬ》く一画《いっかく》は、綴《と》じ紐《ひも》を表《あらわ》しています。今《いま》は綴《と》じ紐《ひも》は使《つか》わず、のりやホッチキスで紙《かみ》を綴《と》じたもの、穴《あな》をあけて留《と》めたもの全般《ぜんぱん》を一冊《いっさつ》、二冊《にさつ》と数《かぞ》えます。

助数詞《じょすうし》「冊《さつ》」は、書籍《しょせき》だけでなく、何《なに》も書《か》かれていないノートやファイルも数《かぞ》えますので、厚《あつ》さや重《おも》さ、紙《かみ》の質感《しつかん》までイメージさせる効果《こうか》があります。たとえば、辞書《じしょ》、図鑑《ずかん》、雑誌《ざっし》、パンフレット、アルバムや書類《しょるい》ファイルなども数《かぞ》えます。新聞《しんぶん》はページを広《ひろ》げて読《よ》みますが、綴《と》じられていないので一部《いちぶ》、二部《にぶ》と数《かぞ》えます。

最近《さいきん》では情報《じょうほう》の電子化《でんしか》が進《すす》み、紙《かみ》に印刷《いんさつ》されたものを書店《しょてん》で買《か》って読《よ》む時代《じだい》から、電子《でんし》データをダウンロードしてデバイスで読《よ》む時代《じだい》へと変《か》わりつつあります。しかし、学校《がっこう》の教《きょう》科書《かしょ》などがすべて電子化《でんしか》されることはないので、紙《かみ》を綴《と》じた書籍《しょせき》が消《き》えてしまうということはありません。いろいろな用途《ようと》や好《この》みによって、読《よ》み方《かた》の選択肢《せんたくし》が広《ひろ》がっています。

ダウンロードした電子書籍《でんししょせき》は紙《かみ》を綴《と》じていないので「冊《さつ》」では数《かぞ》えません。書籍作品《しょせきさくひん》は1《いち》タイトルや1《いち》アイテム、1《いち》コンテンツなどのカタカナ助数詞《じょすうし》で数《かぞ》えています。読書好《どくしょず》きの人《ひと》は、気《き》に入《い》った作品一冊《さくひんいっさつ》と1《いち》タイトルの両方《りょうほう》で楽《たの》しむこともあるそうです。

おさらい

一冊《いっさつ》

一部《いちぶ》

1《いち》タイトル
1《いち》アイテム
1《いち》コンテンツ

数え方

床《しょう》

病院《びょういん》のベッドを数《かぞ》える

2020年《ねん》2月《がつ》ごろから日本《にほん》でも新型《しんがた》コロナウイルスが広《ひろ》まり、わたしたちの当《あ》たり前《まえ》だった日常《にちじょう》がうばわれました。2021年《ねん》7月《がつ》には日本《にほん》の患者数《かんじゃすう》は累計《るいけい》80万人《まんにん》を超《こ》え、各地《かくち》の病院《びょういん》に多《おお》くの人《ひと》が来《き》て、大変《たいへん》な状況《じょうきょう》になりました。緊急事態宣言《きんきゅうじたいせんげん》やまん延防止等重点措置《えんぼうしとうじゅうてんそち》なども発表《はっぴょう》されましたね。連日《れんじつ》テレビや新聞《しんぶん》、ネットニュースなどのメディアでは感染者数《かんせんしゃすう》が発表《はっぴょう》され、各病院《かくびょういん》が、入院患者《にゅういんかんじゃ》を受《う》け入《い》れられるベッドの数《かず》がどれくらい埋《う》まっている

のか報道《ほうどう》されるなか、これまであまり一般的《いっぱんてき》には使《つか》われなかった数《かぞ》え方を聞《き》くことが多《おお》くなりました。それは、ベッド数《すう》を数《かぞ》える「床《しょう》」です。日本《にほん》は世界的《せかいてき》に見《み》ても病床数《びょうしょうすう》が多《おお》い国《くに》だと言《い》われ、人口《じんこう》1000人当《にんあ》たりの病床数《びょうしょうすう》は十三床《じゅうさんしょう》であるそうです。

「床《しょう》」の漢字《かんじ》は、室内《しつない》に板《いた》を張《は》って地面《じめん》より高《たか》くしたところ、板床《いたどこ》を指《さ》します。そこから寝《しん》台《だい》、横《よこ》になるところの意味《いみ》になり、病院《びょういん》での入院患者《にゅういんかんじゃ》を受《う》け入《い》れられる数《かず》を表《あらわ》すようになりました。自宅《じたく》やホテルにある家具《かぐ》のベッドは一台《いちだい》、二台《にだい》で数《かぞ》えて、「自宅《じたく》のベッドルームには、ベッドが三床《さんしょう》あります」のようには言《い》いません。

病院《びょういん》では、受《う》け入《い》れることができる病気《びょうき》の人《ひと》の数《かず》の意味《いみ》をふくみ、「五百床《ごひゃくしょう》ある大病院《だいびょういん》」のように使《つか》われます。患者《かんじゃ》を横《よこ》にして運《はこ》ぶストレッチャーや担架《たんか》といった道具《どうぐ》は一台《いちだい》と数《かぞ》え、一床《いっしょう》とは数《かぞ》えません。このことから、「床《しょう》」という数《かぞ》え方《かた》は、患者《かんじゃ》さんを寝《ね》かせるだけの台《だい》を数《かぞ》えるのではなく、病院《びょういん》の規模《きぼ》の大《おお》きさや、患者《かんじゃ》さんを受《う》け入《い》れる病院《びょういん》の余裕《よゆう》がどれくらいなのかを表《あらわ》す目安《めやす》にも使《つか》われるようになりました。

おさらい

一床《いっしょう》

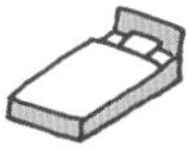
一台《いちだい》

一台《いちだい》

そのほか、病院《びょういん》で数《かぞ》えるものに、「車《くるま》いす一台《いちだい》」「点滴一本《てんてきいっぽん》」「包帯一巻《ほうたいひとま》き」などがあるよ。

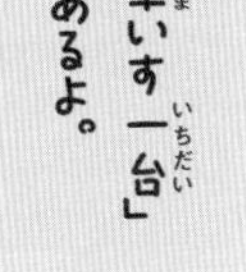

数え方

錠《じょう》

サプリは薬《くすり》と同《おな》じ「一錠《いちじょう》」と数《かぞ》える？

風邪《かぜ》をひいたり、お腹《なか》をこわしたりして病院《びょういん》に行《い》って診察《しんさつ》してもらったあと、薬局《やっきょく》で薬《くすり》をもらいますね。その袋《ふくろ》を見《み》ると「食後《しょくご》一錠《いちじょう》」とか「食前《しょくぜん》一包《いっぽう》」のように、どの薬《くすり》をどれくらいの量《りょう》飲《の》めばいいのか書《か》かれていることに気《き》づくでしょう。

薬《くすり》、薬剤《やくざい》の数《かぞ》え方《かた》はその形状《けいじょう》によってさまざまです。錠剤《じょうざい》やカプセルなら**一錠**《いちじょう》、小《ちい》さい丸《がん》薬《やく》なら**一丸**《いちがん》です。シート状《じょう》に錠剤《じょうざい》が並《なら》んでいるものは、「**1シートで十錠**《じゅうじょう》」のように言《い》います。

粉薬は小さな袋に包まれているので一包です。一回に飲む薬を一服と言いますが、これは薬の量《りょう》を表《あらわ》しているのではありません。「お茶《ちゃ》を一服《いっぷく》」とも言《い》うように、「服《ふく》」にはぴったり身《み》につける、服用《ふくよう》するという意味《いみ》があります。体内《たいない》に取《と》りこむこと、つまり飲《の》む行動《こうどう》を表《あらわ》しています。

　錠剤《じょうざい》とよく似《に》た形《かたち》をしているものにサプリメント（栄養補助食品《えいようほじょしょくひん》）があります。これらは薬《やく》剤《ざい》とはちがう数《かぞ》え方《かた》をして区別《くべつ》されます。パッケージをよく見《み》ると「一回四粒《いっかいよんつぶ》を目安《めやす》にお召《め》し上《あ》がりください」や「本品三個《ほんぴんさんこ》に含《ふく》まれる栄養素《えいようそ》」のように、「錠《じょう》」ではなく「粒《つぶ》」や「個《こ》」で数《かぞ》えています。これは、薬事法《やくじほう》という、国《くに》が定《さだ》めた決《き》まりの一《ひと》つで、医薬品以外《いやくひんいがい》の商品《しょうひん》に医薬《いやく》品《ひん》と誤解《ごかい》を与《あた》えるような表現《ひょうげん》をしてはいけない、と規定《きてい》されているからです。「錠《じょう》」や「丸《がん》」「包《ほう》」といった薬剤《やくざい》に使《つか》う助数詞《じょすうし》を使《つか》ってしまうと、使用者《しようしゃ》が混乱《こんらん》してしまうおそれがあります。それを避《さ》けるために、サプリメント類《るい》のパッケージでは、薬剤《やくざい》と異《こと》なる数《かぞ》え方《かた》をしています。

おさらい

一錠《いちじょう》

一包《いっぽう》

一丸《いちがん》

一粒《ひとつぶ》・一個《いっこ》

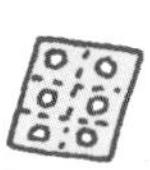
1《いち》シート

一本《いっぽん》・1《ひと》ビン

さ行

数え方

据《す》え

家屋《かおく》に設置《せっち》されたものを数《かぞ》える

16ページで、助数詞《じょすうし》「基《き》」について「人間一人《にんげんひとり》の手《て》では動《うご》かすことができない施設《しせつ》や設置物《せっちぶつ》を数《かぞ》える」と説明《せつめい》しました。これには、家《いえ》の外《そと》で使《つか》うものという条件《じょうけん》があります。では、家《いえ》のなかで動《うご》かすことができない道具《どうぐ》は、どのように数《かぞ》えるのでしょうか。

昔《むかし》の家《いえ》には、重《おも》くて一人《ひとり》では動《うご》かせないものがいろいろありました。そのひとつが臼《うす》です。

臼《うす》は、餅《もち》をつくだけでなく、硬《かた》い食《た》べ物《もの》を細《こま》かく砕《くだ》いたり、粉《こな》をひいたりするために使《つか》われ

おさらい

一据《ひとす》え

一据《ひとす》え

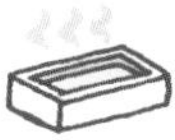

一据《ひとす》え

一本《いっぽん》・一口《いっこう》

一炬《いっきょ》

る道具《どうぐ》です。石《いし》でできた臼《うす》は、その素材《そざい》や大《おお》きさによってまちまちですが、小《ちい》さいもので約20キログラム、一般的《いっぱんてき》なものは50キログラム程度《ていど》です。しかし、商売《しょうばい》に使《つか》うような大型《おおがた》の石《いし》臼《うす》は、数百《すうひゃっ》キログラムから数《すう》トンにも達《たっ》して、簡単《かんたん》には移動《いどう》できない重《おも》さです。昔《むかし》の石臼《いしうす》は、家屋《かおく》から簡単《かんたん》には動《うご》かさずに使《つか》ったことから一据《ひとす》え、二据《ふたす》えと数《かぞ》えます。数《かぞ》え方《かた》から、石臼《いしうす》がどっしりと置《お》かれたようすが伝《つた》わってきますね。餅《もち》つきで臼一《うすひと》つ分《ぶん》で作《つく》れる餅《もち》の量《りょう》を一《ひと》つきと言《い》います。地方《ちほう》によっては一臼《ひとうす》とも言《い》い、臼《うす》そのものが助数詞《じょすうし》として使《つか》われます。

このほかにも、「据《す》え」で数《かぞ》える家《いえ》のなかの道具《どうぐ》に「便器《べんき》」や「ふろおけ」があります。これらも臼《うす》と同《おな》じように簡単《かんたん》には持《も》ち運《はこ》ぶことができず、家《いえ》のなかで据《す》えて使《つか》う道具《どうぐ》だからです。火鉢《ひばち》は重《おも》いですが一本《いっぽん》と数《かぞ》えたり一口《いっこう》と数《かぞ》える地方《ちほう》もあるようです。こたつは、昔《むかし》ながらの掘《ほ》りごたつを一炬《いっきょ》、二炬《にきょ》と数《かぞ》えます。「炬《きょ》」は大《おお》きな火《ひ》を表《あらわ》す字《じ》です。電気《でんき》であたためる現代《げんだい》的《てき》なこたつは一台《いちだい》と数《かぞ》えます。

数え方

筋《すじ》

消《き》えいる美学《びがく》を表《あらわ》す数《かぞ》え方《かた》

「彼女《かのじょ》のほおに、一筋《ひとすじ》の涙《なみだ》が光《ひか》っていた」は、詩《し》に出《で》てくるような美《うつく》しい表現《ひょうげん》ですよね。ほかにも「青空《あおぞら》に、二筋《ふたすじ》の飛行機雲《ひこうきぐも》が見《み》える」とか「煙突《えんとつ》から煙《けむり》が幾筋《いくすじ》も上《あ》がっている」「古典芸《こてんげい》能一筋《のうひとすじ》60年《ねん》」といった文《ぶん》を見《み》ると「筋《すじ》」という数《かぞ》え方《かた》が、わたしたちに美《うつく》しい光景《こうけい》を思《おも》いうかべさせることがわかります。

「筋《すじ》」は細長《ほそなが》くても途切《とぎ》れたり、途中《とちゅう》で消《き》えたり、かすれたりと、安定《あんてい》した長《なが》さがあるとはかぎらないものを数《かぞ》える助数詞です。ひびやシワ、野生の動物が通る「けもの道」などを数えることもあります。細長《ほそなが》いものを数《かぞ》える一本《いっぽん》ともちがいます。仮《かり》に「彼女《かのじょ》のほおに、一本《いっぽん》の涙《なみだ》が光《ひか》っていた」と言《い》われたら、涙《なみだ》がつららのように下《さ》がっているようにも感《かん》じられますよね。「芸能一筋《げいのうひとすじ》」も、さまざまな苦労《くろう》や困難《こんなん》がありながらも努力《どりょく》し、その技《わざ》を受《う》けついで続《つづ》ける意味《いみ》を帯《お》びています。「筋《すじ》」は消《き》えてしまうようなはかなさを伴《ともな》った、細長《ほそなが》い、一瞬《いっしゅん》の形状《けいじょう》の美《うつく》しさを表《あらわ》しているのです。

『新日本大歳時記《しんにほんだいさいじき》』には、「筋《すじ》」でよく数《かぞ》えるものとして雷《かみなり》が登場《とうじょう》します。夜空《よぞら》に一瞬《いっしゅん》にして閃光《せんこう》を放《はな》って消《き》えてしまう雷《かみなり》には名前《なまえ》がついています。たとえば、細長《ほそなが》い電光《でんこう》が走《はし》る「紐状《ひもじょう》電光《でんこう》」と呼《よ》ばれる雷《かみなり》があり、これは一筋《ひとすじ》と数《かぞ》えます。数珠玉《じゅずだま》が連《つら》なったような「数珠玉電光《じゅずだまでんこう》」という雷《かみなり》は、数珠《じゅず》と同《おな》じ一連《いちれん》と数《かぞ》えます。そのほかにも樹木《じゅもく》の枝《えだ》のように広《ひろ》がる雷《かみなり》は一枝《ひとえだ》や一帖《いちじょう》、リボン状《じょう》に広《ひろ》がるすだれのような閃光《せんこう》は一面《いちめん》や一垂《ひとた》れと数《かぞ》えます。雷《かみなり》におびえながらも昔《むかし》の人《ひと》たちは光《ひかり》の形《かたち》を見《み》て数《かぞ》え方《かた》を決《き》めていたのです。とても粋《いき》だと思《おも》いませんか。

おさらい

一筋《ひとすじ》

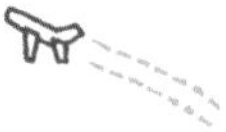

一筋《ひとすじ》

一筋《ひとすじ》

雷《かみなり》

一筋《ひとすじ》・一本《いっぽん》など

一連《いちれん》

数え方

膳《ぜん》

食事《しょくじ》のありがたみを伝《つた》える数《かぞ》え方《かた》

あなたが、コンビニで手頃《てごろ》な価格《かかく》のお弁当《べんとう》を買《か》ったとしましょう。レジで会計《かいけい》をしてくれた店員《てんいん》さんに「お箸《はし》はいくついりますか?」と声《こえ》をかけられたら、どう返事《へんじ》をしますか?「一《ひと》つ」と答《こた》えることもできますが、そこは「一膳《いちぜん》」と答《こた》えるほうがお箸《はし》のことをよく知《し》っている人《ひと》だと思《おも》われてかっこいいです。

お箸《はし》は日本人《にほんじん》の生活《せいかつ》には欠《か》かせない道具《どうぐ》です。日常的《にちじょうてき》にお箸《はし》を使《つか》うことで脳《のう》が活性化《かっせいか》され、お箸を使う文化圏の子どもたちは手先が器用だと言われることもあります。とはいえ、お箸という道具《どうぐ》は常《つね》に一膳《いちぜん》と数《かぞ》えるわけではなく、目的《もくてき》によって使《つか》い分《わ》け方《かた》があることを知《し》っていますか？　もっともなじみのある食事《しょくじ》に使《つか》うお箸《はし》は、ご存知《ぞんじ》の通《とお》り二本《にほん》で一膳《いちぜん》と数《かぞ》えます。

食事《しょくじ》に使《つか》わないお箸《はし》もいろいろあります。たとえば、料理《りょうり》をするときに使《つか》う菜箸《さいばし》や、火《ひ》鉢《ばち》や囲炉裏《いろり》で炭《すみ》を扱《あつか》う火箸《ひばし》です。こういったものは二本《にほん》で一組《ひとくみ》あるいは一対《いっつい》と数《かぞ》え、「膳《ぜん》」では数《かぞ》えません。その理由《りゆう》は、食事《しょくじ》の「場《ば》」にあります。茶碗《ちゃわん》に盛《も》ったご飯《はん》も一膳《いちぜん》ですが、たまたまお箸《はし》と同《おな》じ数《かぞ》え方《かた》になったわけではありません。「膳《ぜん》」は、料理《りょうり》やごちそうを表《あらわ》し、ありがたく食事《しょくじ》をいただくという意味《いみ》があります。手《て》に持《も》って口《くち》に運《はこ》ぶお箸《はし》も、ご飯《はん》も、ともにお膳《ぜん》の上《うえ》にのせられ、食事《しょくじ》のありがたみを感《かん》じさせてくれるものですので、お箸《はし》とご飯《はん》は同《おな》じ数《かぞ》え方《かた》をします。

割《わ》り箸《ばし》は、割《わ》る前《まえ》の状態《じょうたい》を一本《いっぽん》とも数《かぞ》えますが、一膳《いちぜん》と言《い》うとよりていねいで、食事《しょくじ》がありがたく聞《き》こえます。お弁当《べんとう》を買《か》うときに覚《おぼ》えておきたい美《うつく》しい数《かぞ》え方《かた》です。

おさらい

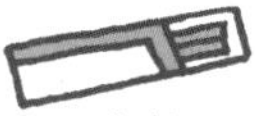

一膳《いちぜん》

菜箸

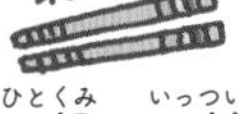

一組《ひとくみ》・一対《いっつい》

一膳《いちぜん》

食事《しょくじ》はもちろん、ありがたいものを「一謝《いっしゃ》、二謝《にしゃ》」で数《かぞ》えたいな。

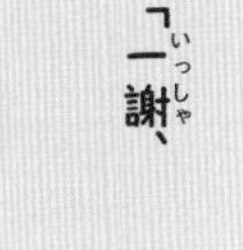

数え方

双《そう》

左右《さゆう》が決《き》まっている道具《どうぐ》を数《かぞ》える

「双《そう》」という字《じ》は、昔使《むかしつか》われていた字《じ》の形《かたち》が「雙《そう》」で、ペアを表《あらわ》します。この「双《そう》」は、数《かぞ》えるものが決《き》まっています。

もっとも数《かぞ》える機会《きかい》が多《おお》いのは、手袋《てぶくろ》です。手袋《てぶくろ》の片方《かたほう》ずつは一枚《いちまい》ですが、左右《さゆう》がそろうと手袋一双《てぶくろいっそう》と数《かぞ》えます。「双《そう》」には、左右《さゆう》で使《つか》う位置《いち》や役割《やくわり》が決《き》まっているという意味《いみ》がありますので、右手用《みぎてよう》の手袋《てぶくろ》と左手用《ひだりてよう》の手袋《てぶくろ》が分《わ》けられているものが理想《りそう》です。左右《さゆう》が決《き》まっていなくて、どちらの手にもはめられる軍手やビニール手袋などは、「二枚で一組」とか「二枚で一対《いっつい》」のように数《かぞ》えることが多《おお》いです。一双《いっそう》と数《かぞ》えてまちがいではありませんが、左右《さゆう》が決《き》まっているという意味《いみ》は失《うしな》われます。

親指《おやゆび》だけが分《わ》かれているミトンも、片方《かたほう》のみは一枚《いちまい》ですが、料理用《りょうりよう》ミトンのように厚手《あつで》だったり立体的《りったいてき》だと一個《いっこ》とも数《かぞ》えます。ミトン類《るい》は左右《さゆう》が決《き》まっていますので一双《いっそう》でOKです。

「双《そう》」を使《つか》う別《べつ》の機会《きかい》は、屏風《びょうぶ》を数《かぞ》えるときです。手袋《てぶくろ》と屏風《びょうぶ》にどのような共通点《きょうつうてん》があるのでしょう？　屏風《びょうぶ》は、長方形《ちょうほうけい》の木枠《きわく》に紙《かみ》を貼《は》って作《つく》ります。これらのパネルを「へ」の字《じ》につなげて置《お》くことで立体的《りったいてき》な屏風《びょうぶ》として立《た》てられます。ちなみに、この屏風《びょうぶ》の一部《いちぶ》である「へ」一《ひと》つ分《ぶん》を二曲《にきょく》と数《かぞ》えます。一般的《いっぱんてき》な屏風《びょうぶ》の呼《よ》び方《かた》に六曲一双《ろっきょくいっそう》というものがあります。これは、六曲《ろっきょく》（へへへ）の屏風《びょうぶ》が二枚《にまい》、右《みぎ》と左《ひだり》の役割《やくわり》が定《さだ》まった上《うえ》でペアになって置《お》かれているときに言《い》います。雛人形《ひなにんぎょう》を見《み》かけるチャンスがあったら、お内裏様《だいりさま》のうしろに立《た》てる屏風《びょうぶ》の造《つく》りを見《み》てみましょう。

おさらい

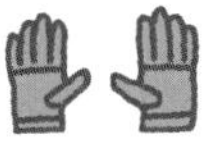

一双《いっそう》

一組《ひとくみ》・一対《いっつい》

一双《いっそう》

屏風

二曲《にきょく》

一枚《いちまい》

数え方

足《そく》

左右《さゆう》の足先《あしさき》までおおうものを数《かぞ》える

足《あし》に履《は》くものは「足《そく》」で数《かぞ》える、というのは単純《たんじゅん》でわかりやすいと思《おも》ってしまいがちですが、意外《いがい》と奥《おく》が深《ふか》いのです。

わたしたちが日々《ひび》履《は》く革靴《かわぐつ》、スニーカー、ハイヒール、スリッパといった履物《はきもの》は、左右《さゆう》それぞれは一個《いっこ》、二個《にこ》と数《かぞ》えます。一足《いっそく》は左右《さゆう》がそろった状態《じょうたい》、両足《りょうあし》に履《は》けるペアのことで、「二個《にこ》で靴《くつ》一足《いっそく》」となります。下駄《げた》や草履《ぞうり》、雪駄《せった》、草鞋《わらじ》、ビーチサンダルなどの平《ひら》べったい履《はき》物や、雪の上を歩くための「かんじき」は、片方を一個ではなく一枚と数え、「草履二枚で一足《そく》」と言《い》います。「二足《にそく》の草鞋《わらじ》を履《は》く」という表現《ひょうげん》がありますが、これは合計四枚《ごうけいよんまい》の草鞋《わらじ》を持《も》っているということになりますね。ブーツや長靴《ながぐつ》など、くるぶしをおおう背《せ》の高《たか》い履物《はきもの》は一本《いっぽん》とも数《かぞ》え、「二本《にほん》で一足《いっそく》」と言《い》うこともあります。靴下《くつした》や足袋《たび》は、それぞれが一枚《いちまい》ですが、左右《さゆう》そろうと一足《いっそく》と数《かぞ》えます。ストッキングやタイツといった脚全体《あしぜんたい》をおおう衣類《いるい》は「一枚《いちまい》」ではなく、一足《いっそく》と数《かぞ》えます。一方《いっぽう》、スパッツのように足先《あしさき》が出《で》ている衣類《いるい》は「一足《いっそく》」ではなく一枚《いちまい》です。足先《あしさき》までおおったり支《ささ》えたりする履物《はきもの》の片側《かたがわ》は形《かたち》に応《おう》じて数《かぞ》え分《わ》け、左右《さゆう》そろったところで一足《いっそく》とまとめられるわけです。

おもしろいのは、チキンや七面鳥《しちめんちょう》の丸焼《まるや》きが出《だ》されたとき、足先《あしさき》に白《しろ》いヒラヒラしたキャップが付《つ》けられていることがありますよね。このキャップも二個《にこ》で一足《いっそく》と数《かぞ》えます。たしかに、ニワトリなどの足先《あしさき》をおおっている飾《かざ》りですので、数《かぞ》え方《かた》「足《そく》」のもともとの意味《いみ》にぴったり合《あ》っているのです。

おさらい

一足《いっそく》

一個《いっこ》

一枚《いちまい》

一本《いっぽん》

一枚《いちまい》

一足《いっそく》

一枚《いちまい》

クイズ2

乗《の》り物《もの》の数《かぞ》え方《かた》

（　　）のなかに入《はい》る正《ただ》しい数《かぞ》え方《かた》はどれ？　一《ひと》つ選《えら》びましょう。

①わが家《や》には、自《じ》転《てん》車《しゃ》が4（　　）あります。

輪《りん》、個《こ》、台《だい》

②空《そら》に気《き》球《きゅう》が3（　　）浮《う》いていました。

機《き》、台《だい》、基《き》

③この列《れっ》車《しゃ》は10（　　）編《へん》成《せい》です。

台《だい》、両《りょう》、本《ぼん》

舟《ふね》、台《だい》、艘《そう》

⑤
エレベーターが混《こ》んでいるので、
1（　　）お待《ま》ちください。

基《き》、本《ぼん》、台《だい》

⑥
ぼくの部屋《へや》にもタイムマシンが
1（　　）あればいいのにな。

台《だい》、機《き》、両《りょう》

★こたえは１１８ページにあります。

数え方

台《だい》

台座《だいざ》から機械《きかい》まで幅広《はばひろ》い数《かぞ》え方《かた》

「台《だい》」は、もともとは「台《だい》」の字《じ》のように、物《もの》や人《ひと》を載《の》せるもの、載《の》せたものを数《かぞ》えていました。「踏《ふ》み台一台《だいいちだい》」や「鉢《はち》載《の》せ台二台《だいにだい》」といった生活《せいかつ》の道具《どうぐ》や、「テーブル一台《いちだい》」「ソファ二台《にだい》」といった家具《かぐ》なども数《かぞ》えます。

そこから発展《はってん》して、動《うご》かせる台座《だいざ》、車《くるま》なども数《かぞ》えるようになりました。昔《むかし》なら人《ひと》が引《ひ》く荷《に》車《ぐるま》、人力車《じんりきしゃ》、大八車《だいはちぐるま》、馬車《ばしゃ》、牛車《ぎっしゃ》、リヤカーなどを一台《いちだい》と数《かぞ》えたのです。その後《ご》、台座《だいざ》にエ

ンジンが付き、自動車やオートバイ、トラック、バスなども数えるようになりました。さらに発展《はってん》して、現代《げんだい》ではロープウェーや観覧車《かんらんしゃ》のゴンドラ、スキーリフトなど単独《たんどく》で走行《そうこう》できないものも「台《だい》」で数《かぞ》えます。

パソコン、エアコン、洗濯機《せんたくき》、電子《でんし》レンジ、掃除機《そうじき》、スマートフォンなどいろいろな機械《きかい》を一台《いちだい》と数《かぞ》えていますが、これらは人《ひと》や物《もの》を載《の》せる台座《だいざ》の意味《いみ》からは離《はな》れています。エンジンが付《つ》いている乗《の》り物《もの》などが発展《はってん》した結果《けっか》、台座《だいざ》を数《かぞ》えるという意味《いみ》からエンジンの機械《きかい》の部分《ぶぶん》に注目《ちゅうもく》するようになり、機械《きかい》で動《うご》くものから、機械《きかい》そのものの数《かぞ》え方《かた》へと広《ひろ》がったので、「台《だい》」で数《かぞ》えるものが増《ふ》えてしまったのです。ちなみにテレビのリモコンは機械《きかい》ですが、テレビがないと使《つか》えませんので「一台《いちだい》」ではなく一個《いっこ》と数《かぞ》えます。

バースデーケーキやパイなどを丸《まる》ごと買《か》うときに「ケーキ一台《いちだい》」のように言《い》うことがあります。これは型《かた》に入《い》れて焼《や》いて台座《だいざ》の上《うえ》で仕上《しあ》げたお菓子《かし》だからです。切《き》り分《わ》けていないホールの形《かたち》を強調《きょうちょう》するために「台《だい》」と数《かぞ》え、切《き》り分《わ》ければ一切《ひとき》れと数《かぞ》えます。

おさらい

一台《いちだい》

一台《いちだい》

一台《いちだい》

一台《いちだい》

一台《いちだい》

一台《いちだい》

一個《いっこ》

数え方

玉《たま》

美《うつく》しく みずみずしい ようすを表《あらわ》す

ものを数《かぞ》えるとき、その形《かたち》が細長《ほそなが》かったり、平《たい》らであったりしなければ、ふつうは一個《いっこ》、二個《にこ》と数《かぞ》えますよね。リンゴとかオレンジといった果物《くだもの》も、ふつうに手《て》に取《と》れば一個《いっこ》、二個《にこ》で問題《もんだい》ありません。しかし、これが高級《こうきゅう》フルーツとして店《みせ》で売《う》られていたらどうでしょう。一個《いっこ》ではありふれていてありがたみが出《で》ません。そこで「玉《たま》」という数《かぞ》え方《かた》が使《つか》われます。

「玉《たま》」という漢字《かんじ》は、美《うつく》しい石《いし》、輝石《きせき》や宝石《ほうせき》のことを指《さ》します。そこから、貴重《きちょう》で高価《こうか》なものを表《あらわ》すのに使《つか》われるようになりました。「玉」の字の持つみずみずしさや重々しい雰囲気が、高級《こうきゅう》な果物《くだもの》の広告《こうこく》にマッチするのです。ある果物屋《くだものや》さんでは、夏《なつ》になるとピラミッド型《がた》のスイカを売《う》りだします。そのスイカの値段《ねだん》はとても高価《こうか》で、値札《ねふだ》には一玉《ひとたま》10万円《まんえん》と書《か》かれています。ふつうのスイカは一個《いっこ》と数《かぞ》えることが多《おお》いですが、一玉《ひとたま》と数《かぞ》えたほうが高級感《こうきゅうかん》が増《ま》すと言《い》われています。丸《まる》くないピラミッド型《がた》スイカでさえ、けっして例外《れいがい》ではありません。

このほかにも、レタスやキャベツといった薄《うす》い葉《は》が寄《よ》り重《かさ》なって球状《きゅうじょう》になった葉物野菜《はものやさい》も「玉《たま》」で数《かぞ》えます。野菜《やさい》にかぎらず糸《いと》や麺《めん》などの細長《ほそなが》いものが寄《よ》り集《あつ》まって丸《まる》いかたまりになっているものも「玉《たま》」ですね。毛糸《けいと》の玉《たま》、うどん、ラーメンの替《か》え玉《だま》、糸《いと》こんにゃくも一玉《ひとたま》、二玉《ふたたま》と数《かぞ》えます。

似《に》たようなものに「球《きゅう》」という数《かぞ》え方《かた》もあり、「一球入魂《いっきゅうにゅうこん》」のように投手《とうしゅ》の投《な》げた球数《たまかず》を表《あらわ》したり、電球《でんきゅう》や球根《きゅうこん》を数《かぞ》えるのに使《つか》われます。

おさらい

一個《いっこ》

一玉《ひとたま》

一玉《ひとたま》

一玉《ひとたま》

一玉《ひとたま》

弟《おとうと》が大切《たいせつ》に作《つく》った泥《どろ》だんごも「一玉《ひとたま》」と数《かぞ》えてあげたい！

数え方

着《ちゃく》

二《ふた》つのものが接触《せっしょく》すること

二《ふた》つのものが接触《せっしょく》することを表《あらわ》すのが「着《ちゃく》」という語《ご》です。もっともよく一着《いっちゃく》が使《つか》われるのが身体《しんたい》に接《せっ》する洋服《ようふく》を数《かぞ》えるとき。たとえば、「彼《かれ》はスーツを五着《ごちゃく》持《も》っている」のように言《い》います。スポーツ用《よう》のユニフォームといった上下《じょうげ》がセットになっている服《ふく》、ドレス、ワンピース、ジャンパー、スカート、作業着《さぎょうぎ》のように上半身《じょうはんしん》と下半身《かはんしん》をひと続《つづ》きにおおうものも一着《いっちゃく》と数《かぞ》えます。パジャマは外出用《がいしゅつよう》の服《ふく》とは区別《くべつ》して、一組《ひとくみ》や上下二枚《じょうげにまい》と言《い》うこともあります。

「着《ちゃく》」は、ズボンやスカートなどを単独で数えることはあまりありません。また、Yシャツやブラウスといった上着《うわぎ》の下《した》に着《き》るものも一枚《いちまい》と数《かぞ》えます。「着《ちゃく》」にはそろえて着《き》て、脱《ぬ》ぎ着《き》できたり、外着《そとぎ》として出《で》かけることができるもの、という意味《いみ》があるのです。なので、上着《うわぎ》はジャケットやコート、ジャンパー、白衣《はくい》などにかぎられます。割烹着《かっぽうぎ》は、袖《そで》を通《とお》して身体《しんたい》の前面《ぜんめん》を全体的《ぜんたいてき》におおうので一着《いっちゃく》と数《かぞ》えます。

衣類《いるい》を数《かぞ》える「着《ちゃく》」はもともと、ひとそろいの衣装《いしょう》や装束《しょうぞく》をまとめて一着《いっちゃく》と数《かぞ》えたことに由《ゆ》来《らい》します。羽織《はおり》などの着物類《きものるい》は、広《ひろ》く「枚《まい》」で数《かぞ》えます。振袖《ふりそで》や晴《は》れ着《ぎ》は一着《いっちゃく》です。着物《きもの》を重《かさ》ねて着《き》た場合《ばあい》、二重《ふたかさ》ねや二重《ふたえ》のように言《い》います。

「着《ちゃく》」は、そのほかに、競走《きょうそう》やレースなどでの競技者《きょうぎしゃ》がゴールした順番《じゅんばん》を数《かぞ》えます。ここでも「着《ちゃく》」という字《じ》の「二《ふた》つのものが接触《せっしょく》すること」の意味《いみ》が生《い》きていて、競技者《きょうぎしゃ》がゴール線《せん》に接《せっ》触《しょく》する速《はや》さを表《あらわ》します。そのほかにも、囲碁《いご》で盤面《ばんめん》に碁石《ごいし》を配置《はいち》することを第一着《だいいっちゃく》のように言《い》います。

おさらい

一着《いっちゃく》

一着《いっちゃく》

一組《ひとくみ》・上下二枚《じょうげにまい》

一枚《いちまい》

一着《いっちゃく》

一着《いっちゃく》

一着《いっちゃく》

数え方

丁《ちょう》

切《き》り分《わ》けた食《た》べ物《もの》から景気《けいき》づけまで

「半《はん》か、丁《ちょう》か」と言《い》ってサイコロをふる映画《えいが》の場面《ばめん》を見《み》たことがあるかもしれません。「半《はん》」は「2」で割《わ》り切《き》れない奇数《きすう》を表《あらわ》し、「丁《ちょう》」は偶数《ぐうすう》を表《あらわ》しています。偶数《ぐうすう》ということは一《ひと》つの物《もの》を二《ふた》つに切《き》った状態《じょうたい》のことです。「豆腐一丁《とうふいっちょう》」とか「こんにゃく二丁《にちょう》」と言《い》いますが、この場合《ばあい》の「丁《ちょう》」は、大《おお》きめに作《つく》っておいて、切《き》り分《わ》けた食《た》べ物《もの》一個分《いっこぶん》を表《あらわ》しています。大《おお》きなマグロを解体《かいたい》する際《さい》、頭《あたま》と背骨《せぼね》を落《お》として半身《はんみ》にしますが、さらに半分《はんぶん》に切《き》った身《み》を一丁《いっちょう》と言《い》います。

しかし、おそば屋さんに入って「かけそば一つ」と注文すると、厨房から威勢良く「へい、かけ一丁《いっちょう》！」という声《こえ》が聞《き》こえることがあります。注文《ちゅうもん》したのはかけそば一杯《いっぱい》。切《き》り分《わ》けていないのに、なぜ一丁《いっちょう》という数《かぞ》え方《かた》をするのでしょうか。じつは、助数詞《じょすうし》「丁《ちょう》」は、店《みせ》の活気《かっき》のあるようすを強《つよ》めるために添《そ》えられることもあるのです。

漢字《かんじ》の「丁《ちょう》」は、くぎの形《かたち》に由来《ゆらい》して「強《つよ》い、盛《さか》ん」という意味《いみ》や勢《いきお》いのあるさま、安定《あんてい》したようすを表《あらわ》しています。そこから、大勢《おおぜい》の人《ひと》が訪《おとず》れる飲食店《いんしょくてん》で商売繁盛《しょうばいはんじょう》させて店《みせ》の雰囲気《ふんいき》を活気《かっき》づけるために、注文数《ちゅうもんすう》を言《い》う際《さい》に用《もち》いられるようになりました。ですから、これは客《きゃく》よりも店《みせ》を盛《も》り立《た》てようとする店員《てんいん》の側《がわ》が使《つか》います。

このほかにも「一丁挑戦《いっちょうちょうせん》してみるか」のような話《はな》し手《て》が思《おも》い切《き》って起《お》こす行動《こうどう》を表現《ひょうげん》したり、「ふんどし一丁《いっちょう》」のように威勢《いせい》の良《よ》さを表現《ひょうげん》したりするのにも使《つか》われます。ちなみに住所《じゅうしょ》の「一丁目《いっちょうめ》」の「丁《ちょう》」は、「町《ちょう》」の漢字《かんじ》を省略《しょうりゃく》したもの。食《た》べ物《もの》や景気《けいき》づけとは異《こと》なります。

おさらい

一丁《いっちょう》

一丁《いっちょう》

一丁《いっちょう》

一丁《いっちょう》やってみる

数え方

つ

「一個《いっこ》」と「一《ひと》つ」は同《おな》じじゃない

日本語《にほんご》にはものを数《かぞ》えるとき、一《ひと》つという数《かぞ》え方《かた》と、一個《いっこ》という数《かぞ》え方《かた》があります。「リンゴ三個《さんこ》ください」と言《い》い、「はい、三《みっ》つね」と言《い》って渡《わた》されても言葉《ことば》の違和感《いわかん》はほとんどないでしょう。でも、幼児《ようじ》に「ボクいくつ?」と聞《き》いたとき、「三《みっ》つ」と答《こた》えることがあっても「三《さん》個《こ》」と言《い》うことはありません。なので、「つ」と「個《こ》」は似《に》ていますが、常《つね》に入《い》れかえられるとはかぎりません。

おさらい

ひとつ

ひとつ

一《ひと》つ

一《ひと》つ

あらためて考えると、「つ」は何を数えるときに使われるのでしょうか。調べてみると、「一《ひと》つ」は「一《ひと》つの可能性《かのうせい》」「二《ふた》つの選択肢《せんたくし》」「学年《がくねん》が三《みっ》つ上《うえ》」のように形《かたち》がない存在《そんざい》を数《かぞ》えます。形《かたち》があっても消《き》えたり、つかみにくいもの、たとえば影《かげ》とか跡《あと》なども「つ」で数《かぞ》えます。ひとつは、「ちょっと」の意味《いみ》でよく使《つか》われて「ひとつ、よろしくお願《ねが》いします」と言《い》ったり、ばらばらだったものが集約《しゅうやく》されるとき、「みんなの心《こころ》がひとつになる」と言《い》ったりします。「地球《ちきゅう》はひとつ」とか「命《いのち》はひとつ」と言《い》ったときには、「かけがえのないもの」の意味《いみ》になります。

「つ」は、すべての数《かず》に付《つ》くのではありません。1～9の自然数《しぜんすう》に付《つ》きます。九《ここの》つまでは「つ」が付《つ》きますが、十《とお》以降《いこう》は「十《とお》つ、十一《とおひと》つ」などとは言《い》えません。しかし、二十歳《にじっさい》を示《しめ》す「はたち」の言葉《ことば》は、二十《はた》に「つ」が付《つ》き、「つ」が「ち」になまってできています。三十歳《さんじっさい》を「みそぢ」と言《い》うのも三十《みそ》に「つ」が付《つ》いて「ぢ」になって生《う》まれた言葉《ことば》。よく「三十路《みそぢ》」の字《じ》をあてますが、三十代《さんじゅうだい》のことではなく、ちょうど三十歳《さんじっさい》を意味《いみ》しています。

数え方

通《つう》

相手《あいて》に通《つう》じたかどうかで数《かぞ》え分《わ》ける

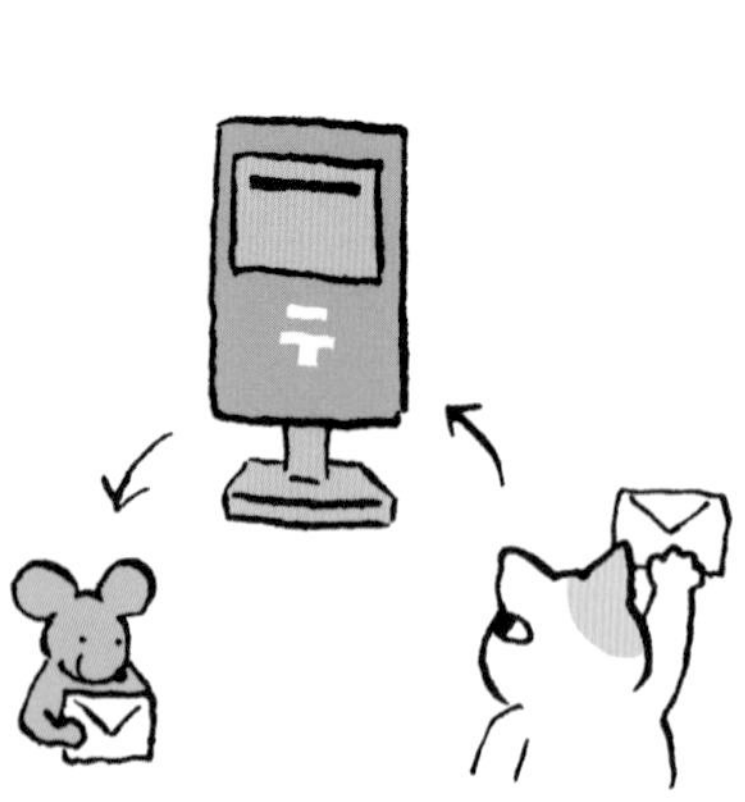

「通《つう》」は、相手《あいて》にメッセージや内容《ないよう》を伝《つた》える役目《やくめ》をもった文書《ぶんしょ》を数《かぞ》えます。相手《あいて》に配達《はいたつ》されるなどした手紙《てがみ》は一通《いっつう》ですが、書《か》いてもポストに投函《とうかん》しなかったり、相手《あいて》に届《とど》かず戻《もど》ってきたりした郵便物《ゆうびんぶつ》は一通《いっつう》とは数《かぞ》えません。それらは相手《あいて》に通《つう》じていないので、封筒《ふうとう》に入《はい》った手《て》紙《がみ》なら一封《いっぷう》、ハガキなら一枚《いちまい》のように言《い》います。ちなみに相手《あいて》に届《とど》いた小包《こづつみ》は文書《ぶんしょ》ではないので一通《いっつう》ではなく一個《いっこ》と数《かぞ》えます。

電報は、文字が届けられるので一通です。しかし、電話や留守電のメッセージは音声であるため一通《いっつう》ではなく一本《いっぽん》または一件《いっけん》と数《かぞ》えます。そのほかにも、通《つう》じさせることや証明《しょうめい》を行《おこな》う文書《ぶんしょ》は、たとえば「住民票《じゅうみんひょう》を二通作成《につうさくせい》する」とか「在学証明書《ざいがくしょうめいしょ》を一通取《いっつうと》り寄《よ》せる」と言《い》って「通《つう》」を使用《しよう》します。運転免許証《うんてんめんきょしょう》やパスポート、手形《てがた》、銀行《ぎんこう》の通帳《つうちょう》なども一通《いっつう》、二通《につう》と数《かぞ》えるのは大人《おとな》でも知《し》らないかもしれません。

みなさんは電子《でんし》メールをどう数《かぞ》えますか?――そう聞《き》くと多《おお》くの方《かた》が一通《いっつう》、二通《につう》と答《こた》えます。正解《せいかい》ですが、不正解《ふせいかい》とも言《い》えます。電子《でんし》メールが使《つか》われはじめたのは1990年代半《ねんだいなか》ばですが、当初《とうしょ》は電子的《でんしてき》に送《おく》る手紙《てがみ》の一種《いっしゅ》だとして「通《つう》」で数《かぞ》えていました。ところが、最近《さいきん》は「通《つう》」以外《いがい》にもメールの数《かぞ》え方《かた》が出《で》てきました。パソコンや携帯電話《けいたいでんわ》でメールを送《おく》ったり、受《う》け取《と》ったりするときに「新着《しんちゃく》メール○件《けん》」と、「件《けん》」が画面《がめん》に表示《ひょうじ》されます。ファックスはもちろん、メッセージアプリやSNS《エスエヌエス》でのメッセージも「件《けん》」で数《かぞ》えます。このことから、やりとりされる文書《ぶんしょ》の数《かぞ》え方《かた》が、ここ20年《ねん》で大《おお》きく変《か》わったことがわかります。

おさらい

一通《いっつう》

一封《いっぷう》

一枚《いちまい》

一個《いっこ》

一本《いっぽん》・一件《いっけん》

一通《いっつう》

一件《いっけん》

数え方

粒《つぶ》

指先《ゆびさき》でつまめる「小《ち》ささ」を数《かぞ》える

あなたの指先《ゆびさき》を見《み》てください。人差《ひとさ》し指《ゆび》と親指《おやゆび》の二本《にほん》の指《ゆび》を使《つか》うと、小《ちい》さいものをつまむことができますよね。それは大豆《だいず》だったり、サクランボの実《み》、ブドウの実《み》、ナッツ類《るい》、あるいは真珠《しんじゅ》かもしれません。いずれにしても、二本《にほん》の指先《ゆびさき》でつまめるものは一粒《ひとつぶ》、二粒《ふたつぶ》と数《かぞ》えます。
「粒《つぶ》」という数《かぞ》え方《かた》は、単《たん》に小《ちい》さくてつまめるものという意味《いみ》があるのではありません。たとえば「あの人《ひと》のほおを一粒《ひとつぶ》の涙《なみだ》がこぼれ落《お》ちた」と言《い》ったとき、涙《なみだ》はつまめませんが、ポ

ロッと美しい涙がほっぺを伝ったことが表現できます。「一粒」は、「一個」や「一つ」よりも詩的で、かつ、数《かぞ》えるものの価値《かち》を高《たか》める効果《こうか》があります。

たとえば、アソート・チョコレートのつめ合《あ》わせを考《かんが》えてみましょう。「二十四個《にじゅうよんこ》入《い》り」と書《か》いてあるのと「二十四粒《にじゅうよんつぶ》入《い》り」と書《か》いてある箱《はこ》では、どちらが上質《じょうしつ》のチョコレートだと感《かん》じますか？　言語実験《げんごじっけん》では「個《こ》」だとふつうのどこでも手《て》に入《はい》るチョコレートを想像《そうぞう》させるのに対《たい》して、「粒《つぶ》」で数《かぞ》えると、指先《ゆびさき》で上品《じょうひん》につまんで味《あじ》わいたくなるような高級《こうきゅう》チョコレートを想像《そうぞう》しやすいという結果《けっか》が出《で》ました。初夏《しょか》に出回《でまわ》る高級《こうきゅう》サクランボも、この効果《こうか》をねらって「五十粒《ごじっつぶ》入《い》り」といって箱詰《はこづ》めにされたものが贈《おく》りものとして人気《にんき》があります。ほかにも「一《ひと》粒《つぶ》ネックレス」と呼《よ》ばれる真珠《しんじゅ》のアクセサリーなどもあり、その希少性《きしょうせい》や美《うつく》しさを数《かぞ》え方《かた》で表現《ひょうげん》しています。このほかにも、大切《たいせつ》なひとりっ子《こ》のことを「一粒種《ひとつぶだね》」と言《い》います。「一粒《ひとつぶ》の麦《むぎ》」は、他人《たにん》の幸《しあわ》せのために犠牲《ぎせい》になる人《ひと》のこと。「一粒万倍《いちりゅうまんばい》」は、少《すこ》しのもの（稲《いね》）でも増《ふ》えれば数《かず》になること。そこから少《すこ》しだからといって粗末《そまつ》にしてはいけない、という教《おし》えがあります。

おさらい

一粒《ひとつぶ》

一粒《ひとつぶ》

つまめるってことは、小《ちい》さいってことだよね。「一《ひと》ぷち、二《ふた》ぷち」がいいと思《おも》う！　「ぷち」っていう音《おと》のひびきからも、小《ちい》さい感《かん》じが伝《つた》わるかも。

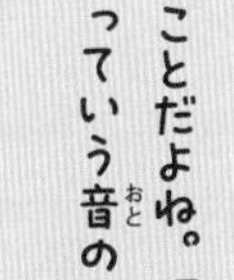

数え方

手《て》

決《き》まり手《て》や役割《やくわり》を数《かぞ》える

「次《つぎ》の一手《いって》を考《かんが》える」という表現《ひょうげん》があります。これは手《て》そのものを数《かぞ》えているのではなく、手口《てぐち》や方法《ほうほう》を表《あらわ》しています。よく「泣《な》きの一手《いって》で乗《の》り切《き》る」と言《い》いますが、これは泣《な》く以外《いがい》の方法《ほうほう》が何《なに》もなく、それだけで通《とお》すという意味《いみ》です。

もともと「手《て》」は、武道《ぶどう》の術《じゅつ》や勝負《しょうぶ》の決《き》まり手《て》、勝《か》つためにしかける技《わざ》を数《かぞ》えます。たとえば、大相撲《おおずもう》の決《き》まり手《て》は現在《げんざい》は八十二手《はちじゅうにて》ありますが、対戦相手《たいせんあいて》が自《みずか》ら転《ころ》んだり反則《はんそく》したりした場合は、決まり手ではなく勝負結果と言います。勝負結果は「非技」と言われ、一つ、二つで数《かぞ》えます。

「次《つぎ》の一手《いって》」で言《い》う「手《て》」は、勝負《しょうぶ》の決着《けっちゃく》をつけるというよりも、碁《ご》での石《いし》の置《お》き方《かた》や将棋《しょうぎ》での駒《こま》の指《さ》し方《かた》を数《かぞ》えます。手《て》を使《つか》って盤上《ばんじょう》の石《いし》や駒《こま》を動《うご》かすことから、一《ひと》つ指《さ》すことを一手《いって》と言《い》うのです。ちなみにプロ棋士《きし》は対局《たいきょく》で三十手《さんじって》先《さき》くらいは読《よ》んでいると言《い》われ、トップ棋《き》士《し》ともなると百手《ひゃくて》先《さき》まで予想《よそう》できると言《い》います。

このほかにも、手《て》の動《うご》きを一連《いちれん》の動作《どうさ》の区切《くぎ》りととらえる数《かぞ》え方《かた》がいろいろあります。たとえば、舞踊《ぶよう》の手《て》さばきや踊《おど》りの手順《てじゅん》などは、「一手舞《いってま》う」のように言《い》って優雅《ゆうが》に披露《ひろう》するようすを表《あらわ》します。

「仕事《しごと》を一手《いって》に引《ひ》き受《う》ける」とか「一手《いって》に請《う》け負《お》う」と言《い》いますよね。このときには手《て》の動《うご》きではなく仕事《しごと》や作業《さぎょう》を分担《ぶんたん》せずに独《ひと》りじめして行《おこな》うことを表《あらわ》します。ただし、「二手《ふたて》に分《わ》かれて捜索《そうさく》する」と言《い》うときは、二人以上《ふたりいじょう》の人《ひと》が別《べつ》の場所《ばしょ》で活動《かつどう》するという意味《いみ》になります。

おさらい

泣《な》きの一手《いって》

一手《いって》

一手《いって》

一手舞《いってま》う

一手《いって》に引《ひ》き受《う》ける

数え方

度《ど》

次《つぎ》があるかないか君《きみ》しだいで使《つか》える数《かぞ》え方《かた》

「仏《ほとけ》の顔《かお》も三度《さんど》」ということわざがあります。心《こころ》が広《ひろ》く、いつも優《やさ》しい人《ひと》でも失礼《しつれい》が続《つづ》くとしまいには怒《おこ》りだすという意味《いみ》ですね。これを「仏《ほとけ》の顔《かお》も三回《さんかい》」と言《い》うことはできません。
動作《どうさ》や経験《けいけん》を数《かぞ》える数《かぞ》え方《かた》に「回《かい》」と「度《ど》」があります。「わたしは三回《さんかい》、海外旅行《かいがいりょこう》をした」というのも、「三度《さんど》、海外旅行《かいがいりょこう》をした」というのも、同《おな》じ内容《ないよう》に感《かん》じます。しかし、「回《かい》」と「度《ど》」は、基本的《きほんてき》な意味《いみ》がちがうのです。

「回」は、その字のように回ってくるもの、また次がめぐってくることが期待できる行為を数えます。たとえば、毎年開催《まいとしかいさい》される運動会《うんどうかい》は「第三十回大運動会《だいさんじっかいだいうんどうかい》」ですね。また来年《らいねん》もめぐってくるであろうイベントだからです。高校野球《こうこうやきゅう》の甲子園大会《こうしえんたいかい》や年末紅白歌合戦《ねんまつこうはくうたがっせん》の出場《しゅつじょう》もありがたいことですから「五回目《ごかいめ》の出場《しゅつじょう》」のように「回《かい》」で数《かぞ》え、「また次《つぎ》もありますように」という願《ねが》いが込《こ》められていると言《い》われます。

一方《いっぽう》、「度《ど》」は度重《たびかさ》なること、次《つぎ》がいつになるかわからない上《うえ》、これが最後《さいご》になるかもしれないと思《おも》われる動作《どうさ》や出来事《できごと》を数《かぞ》えることが多《おお》いです。「人生《じんせい》は一度《いちど》きり」とか「二度《にど》と過《あやま》ちは犯《おか》しません」のように、これっきりになるかもしれないことを表現《ひょうげん》します。数《かぞ》える人《ひと》が、この先《さき》どうなるかを予想《よそう》して「回《かい》」と「度《ど》」を使《つか》い分《わ》けているとも言《い》えるでしょう。

このことから、「三回目《さんかいめ》の失敗《しっぱい》」と言《い》うと、次《つぎ》も失敗《しっぱい》するようなイメージになりますが、「三度目《さんどめ》の失敗《しっぱい》」と言《い》うと次《つぎ》はないかもしれない、今度《こんど》こそ失敗《しっぱい》しないぞという気持《きも》ちが入《はい》っているように聞《き》こえます。くり返《かえ》したくない物事《ものごと》には「回《かい》」よりも「度《ど》」を使《つか》うといいですね。

おさらい

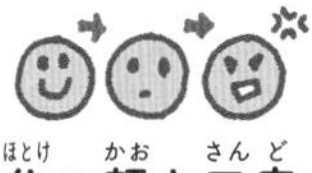

仏《ほとけ》の顔《かお》も三度《さんど》

三度目《さんどめ》の正直《しょうじき》

ぼくはお母《かあ》さんに怒《おこ》られたとき、「一《いち》コラ、二《に》コラ」って数《かぞ》えて、テストで先生《せんせい》にほめられたときは「一《いち》ニコ、二《に》ニコ」って数《かぞ》えようっと。

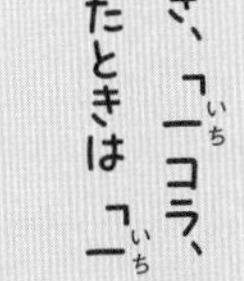

数え方

頭《とう》

特別扱《とくべつあつか》いする動物《どうぶつ》の新《あたら》しい数《かぞ》え方《かた》

大《おお》きな動物《どうぶつ》は一頭《いっとう》と言《い》い、古《ふる》くからある数《かぞ》え方《かた》のように思《おも》えますが、意外《いがい》にも日本語《にほんご》への登場《とうじょう》は最近《さいきん》なのです。

江戸時代《えどじだい》まで日本語《にほんご》には動物《どうぶつ》を「頭《とう》」で数《かぞ》える習慣《しゅうかん》はありませんでした。サイズに関《かか》わらず生《い》き物全般《ものぜんぱん》は「匹《ひき》」でよかったのです。明治時代《めいじじだい》になって、日本《にほん》に西洋《せいよう》の文化《ぶんか》が入《はい》ってきました。動物《どうぶつ》を飼《か》って展示《てんじ》するという動物園《どうぶつえん》のアイデアもそのころに生《う》まれ、飼育員《しいくいん》や動物学者《どうぶつがくしゃ》

おさらい

一頭《いっとう》

ヒツジが一匹《いっぴき》……

動物園《どうぶつえん》で飼育《しいく》されるような貴重《きちょう》な動物《どうぶつ》だから、「一飼《いっし》、二《に》飼《し》」はどうかな？　「アニマル」だから、動物全般《どうぶつぜんぱん》を「1《いち》アニ、2《に》アニ」と呼《よ》ぶのもいいかも。

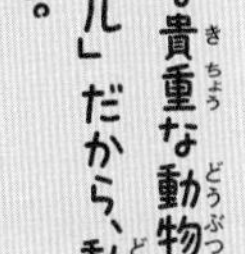

たちはどのように動物を飼育すればいいのか勉強する必要がありました。西洋の生物学の論文《ぶん》を調《しら》べると、そこには動物園《どうぶつえん》で飼育《しいく》するような動物《どうぶつ》は"1 head《ワンヘッド》、2 heads《ツーヘッズ》"という頭数《とうすう》で表《あらわ》すと書《か》いてあり、それがそのまま訳《やく》されて一頭《いっとう》、二頭《にとう》と使《つか》われるようになったと考《かんが》えられています。日本最古《にほんさいこ》の動物園《どうぶつえん》である上野動物園《うえのどうぶつえん》に残《のこ》る明治《めいじ》25年《ねん》の飼育記録《しいくきろく》を調《しら》べると、飼育《しいく》されている動物《どうぶつ》を一頭《いっとう》と数《かぞ》えていたようです。大正時代《たいしょうじだい》に入《はい》ると、有名作家《ゆうめいさっか》の夏目漱石《なつめそうせき》が新聞《しんぶん》小説《しょうせつ》のなかで馬《うま》の数《かぞ》え方《かた》を一頭《いっとう》と書《か》いたことから一般《いっぱん》の人《ひと》たちの間《あいだ》でも「頭《とう》」が広《ひろ》まっていき、「匹《ひき》」とあわせてよく使《つか》われるようになりました。

現代《げんだい》では、動物園《どうぶつえん》で飼育《しいく》される動物《どうぶつ》、動物学《どうぶつがく》や昆虫学《こんちゅうがく》にとって貴重《きちょう》な生物《せいぶつ》、そして盲導《もうどう》犬《けん》や麻薬探知犬《まやくたんちけん》などの人間《にんげん》に役立《やくだ》つ動物《どうぶつ》なども「頭《とう》」で数《かぞ》えるようになりました。人間《にんげん》にとってめずらしく貴重《きちょう》な存在《そんざい》という意味《いみ》が強《つよ》まっています。眠《ねむ》れないときにヒツジを数《かぞ》えますが、このときには「ヒツジが一匹《いっぴき》、ヒツジが二匹《にひき》……」のように言《い》いましょう。「ヒツジが一頭《いっとう》、ヒツジが二頭《にとう》……」と数《かぞ》えると、ヒツジが大《おお》きく特別《とくべつ》な存在《そんざい》に感《かん》じられ、眠気《ねむけ》が遠《とお》のくからです。

クイズ3

食《た》べ物《もの》の数《かぞ》え方《かた》

（　）のなかに入《はい》る正《ただ》しい数《かぞ》え方《かた》はどれ？　一《ひと》つ選《えら》びましょう。
本文中《ほんぶんちゅう》に出《で》てこない数《かぞ》え方《かた》も覚《おぼ》えてくださいね。

①箱《はこ》に入《はい》った上等《じょうとう》なマスカットを2（　　　）、いただきました。

束《たば》、房《ふさ》、咫《あた》

②豆腐《とうふ》を1（　　　）買《か》ってきて、切《き》ってみそ汁《しる》に入《い》れました。

丁《ちょう》、玉《たま》、杯《ぱい》

③マグロのにぎり寿司《ずし》は、2（　　　）で300円《えん》です。

切《き》れ、折《おり》、貫《かん》

④
高級《こうきゅう》なチョコレートの箱《はこ》を開《あ》けたら、
24（　　）も入《はい》っていました。
粒《つぶ》、球《きゅう》、丸《がん》

⑤
食《しょく》パン1（　　）を薄切《うすぎ》りにして、
トーストにして食《た》べました。
台《だい》、斤《きん》、錠《じょう》

⑥
ようかんを1（　　）買《か》ってきて、
みんなで切《き》り分《わ》けて食《た》べました。
ひら、片《ぺん》、棹《さお》

★こたえは１１９ページにあります。

数え方

人《にん》

読《よ》み方《かた》のルールを覚《おぼ》えたい数《かぞ》え方《かた》

「人《にん》」は人間《にんげん》の数《かぞ》え方《かた》、と説明《せつめい》すれば単純《たんじゅん》です。しかし、人間《にんげん》が単純《たんじゅん》な生《い》き物《もの》でないのと同《おな》じく、「人《にん》」の数《かぞ》え方《かた》も一筋縄《ひとすじなわ》ではいかない部分《ぶぶん》がいろいろあります。

まずは読《よ》み方《かた》。「人」は「にん」と読《よ》みますが、前《まえ》に付《つ》く数《かず》によって変化《へんか》が起《お》こることがあります。一人は「いちにん」ではなく「ひとり」。二人は「ににん」ではなく「ふたり」と言《い》います。三人《さんにん》からようやく「にん」が付《つ》くようになり、これ以降《いこう》はルールに従《したが》って読《よ》めばよいです。とはいえ、なぜ一人、二人だけはちがった読み方をするのでしょうか。

これは、「人《にん》」という数《かぞ》え方《かた》が、日本《にほん》に昔《むかし》からある言葉《ことば》（大和言葉《やまとことば》）で「たり」と読《よ》まれていたからです。一人《ひとたり》が短《みじか》くなってひとり、二人《ふたたり》がふたりになりました。古《ふる》い日本語《にほんご》では三人《さんにん》以降《いこう》も「みたり、よたり（よったり）、いつたり、むたり、ななたり、やたり（やったり）、ここのたり」のように九《きゅう》になるまで数《かぞ》えました。わたしたちが今《いま》使《つか》っている日本語《にほんご》には、そのなごりが見《み》られるのです。

おもしろいことに、一人前《いちにんまえ》のように一人《ひとり》に「前《まえ》」が付《つ》くと「ひとりまえ」ではなく「いちにんまえ」のように読《よ》みます。「二人組《ふたりぐみ》になろう」と言《い》えば「ふたりぐみ」ですが、「二人組《ににんぐみ》の強盗《ごうとう》が押《お》し入《い》る」となると「ににんぐみ」となって、事件《じけん》や犯罪《はんざい》が起《お》きたことを印象付《いんしょうづ》けることができます。

人間《にんげん》のようなふるまいをする存在《そんざい》、たとえばアンドロイドとかキャラクター、想像上《そうぞうじょう》の生《い》き物《もの》も「人《にん》」で数《かぞ》えます。人間《にんげん》に悪《わる》さをするオニは一匹《いっぴき》ですが、心《こころ》を入《い》れかえた「一人《ひとり》のオニ」と言《い》うと、人間《にんげん》の友《とも》だちになったことも一文字《ひともじ》で表《あらわ》せます。

おさらい

一人《ひとり》

一人前《いちにんまえ》

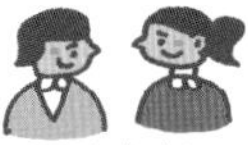
二人組《ふたりぐみ》

二人組《ににんぐみ》

一人《ひとり》

一台《いちだい》

一匹《いっぴき》

数え方

杯《はい》

飲《の》み物《もの》から カニ、そして 船《ふね》まで数《かぞ》える

一杯《いっぱい》の「杯《はい》」は、さかずき（お酒《さけ》を飲《の》むときに使《つか》う器《うつわ》）のことです。古《ふる》くは「盃《はい》」とも書《か》いて、さかずきに入《い》れたものを数《かぞ》えました。今《いま》では「ジュース一杯《いっぱい》」とか「バケツ二杯《にはい》の砂《すな》」「砂糖大《さとうおお》さじ三杯《さんばい》」のように、決《き》められた量《りょう》が入《はい》る器《うつわ》に注《そそ》がれたものの量《りょう》の目安《めやす》を表《あらわ》します。

それ以外《いがい》にも「杯《はい》」は魚介類《ぎょかいるい》を数《かぞ》えるのに使《つか》われることを知《し》っていますか？　イカ一杯《いっぱい》と言《い》えば、食用《しょくよう》のイカ一匹《いっぴき》のこと。イカの胴体《どうたい》が器《うつわ》のような形《かたち》で、さかずきに見《み》えることから一《いっ》

杯と数えるようになったという俗説があります。

カニを数《かぞ》えるときにも「杯《はい》」を使《つか》うことがあります。カニの甲羅《こうら》が器《うつわ》のように見《み》えることに由来《ゆらい》するという説《せつ》があるからで、北陸地方《ほくりくちほう》の新聞《しんぶん》＊に掲載《けいさい》された魚介類販売店《ぎょかいるいはんばいてん》によると、「カニの数《かぞ》え方《かた》は『杯《はい》』が基本《きほん》だが、入《い》れ物《もの》に入《はい》った何匹《なんびき》かのカニをまとめて一杯《いっぱい》だとかんちがいするお客《きゃく》さんもいるため高級《こうきゅう》なズワイガニは『枚《まい》』と表記《ひょうき》している」と書《か》かれています。一方《いっぽう》、北海道《ほっかいどう》では毛《け》ガニは「杯《はい》」ではなく「尾《び》」で数《かぞ》えているので、カニの数《かぞ》え方《かた》は地方《ちほう》や市場《いちば》によってバラつきがあるようです。

船《ふね》のおなかも内部《ないぶ》が空洞《くうどう》なので、水《みず》に浮《う》かぶ競技用《きょうぎよう》ヨットや汽船《きせん》も「杯《はい》」で数《かぞ》えることがあります。江戸末期《えどまっき》の有名《ゆうめい》な歌《うた》（狂歌《きょうか》）に「泰平《たいへい》の眠《ねむ》りをさます上喜撰《じょうきせん》 たった四杯《しはい》で夜《よる》も寝《ね》られず」というものがあります。「上喜撰《じょうきせん》」は、飲《の》むと目《め》が冴《さ》えるお茶《ちゃ》。「これを四杯《よんはい》飲《の》むだけで眠《ねむ》れない」という意味《いみ》と「当時《とうじ》、ほかの国《くに》と仲良《なかよ》くなかった日本《にほん》に、ほかの国《くに》からの蒸気船《じょうきせん》が四杯《よんはい》やってきただけで混乱《こんらん》して眠《ねむ》れない」という二《ふた》つの意味《いみ》が込《こ》められています。

おさらい

一杯《いっぱい》

一杯《いっぱい》

一杯《いっぱい》・一尾《いちび》

一杯《いっぱい》

一杯《いっぱい》

＊北陸中日新聞（2019年12月12日付）

数え方

発《はっ》

まわりを吹《ふ》き飛《と》ばす衝撃《しょうげき》を表《あらわ》す

「ファイト・一発《いっぱつ》!」というキャッチコピーが有名《ゆうめい》ですが、助数詞《じょすうし》「発《はつ》」は幅広《はばひろ》いものを数《かぞ》えるのに使《つか》われています。もともと「発《はつ》」は、弓《ゆみ》や弾丸《だんがん》を放《はな》つことを表《あらわ》し、そこから発砲数《はっぽうすう》や爆《ばく》発《はつ》した回数《かいすう》などを数《かぞ》えます。

放《はな》つ回数《かいすう》だけでなく、放《はな》たれたものの数《かず》もふくまれます。たとえば「現場《げんば》では三発《さんぱつ》の弾《たま》の跡《あと》が発見《はっけん》された」と言《い》い、発砲音《はっぽうおん》を聞《き》いていない場合《ばあい》でもＯＫです。また、発砲《はっぽう》した音数《おんすう》を言《い》う場合も「銃声二発が闇にひびき渡った」のように、弾丸が命中してもしなくても表現することができます。国《くに》や組織《そしき》が持《も》っている爆弾《ばくだん》、ミサイル、核兵器《かくへいき》など、発射《はっしゃ》されていなくても「発《はつ》」で表現《ひょうげん》し、兵力《へいりょく》や兵器《へいき》があることを表《あらわ》すのにも使《つか》われます。銃声《じゅうせい》そのものが重要《じゅうよう》なときには、「徒競走《ときょうそう》でピストルが二回《にかい》鳴《な》ったらフライング」のように「回《かい》」で言《い》うこともあります。平和《へいわ》な「発《はつ》」としては花火《はなび》があります。花火大会《はなびたいかい》の規模《きぼ》を示《しめ》すときに「一万発《いちまんぱつ》の花火《はなび》が打《う》ち上《あ》げられた」のように言《い》います。手持《ても》ち花火《はなび》のような発射《はっしゃ》されない小《ちい》さなものは一本《いっぽん》と数《かぞ》えます。

スポーツの試合《しあい》などで勝負《しょうぶ》に関《かか》わる決定打《けっていだ》なども「発《はつ》」を使《つか》って強調《きょうちょう》します。たとえば、野《や》球《きゅう》ではホームランやヒットなどを「代打《だいだ》の一発《いっぱつ》を浴《あ》びて二失点《にしってん》」のように言《い》います。サッカーやバスケットボールでも「シュート二発《にはつ》で逆転《ぎゃくてん》」と言《い》ったり、ボクシングでは「挑戦者《ちょうせんしゃ》の右《みぎ》フック三発《さんぱつ》でノックアウト」のように表現《ひょうげん》したりします。

そこから広《ひろ》がり、「おなら二発《にはつ》」とか「一発《いっぱつ》ギャグ」といった、まわりの人々《ひとびと》に衝撃《しょうげき》を与《あた》えるような行動《こうどう》や、気合《きあい》を入《い》れるときの掛《か》け声《ごえ》などに使《つか》われます。

おさらい

ファイト一発《いっぱつ》

一発《いっぱつ》

一発《いっぱつ》・一回《いっかい》

一発《いっぱつ》

「発《はつ》」の勢《いきお》いを出《だ》したいから、「一《いち》ドーン、二《に》ドーン」がいいかも。花火《はなび》が百《ひゃく》ドーン上《あ》がるとかね。

数え方

腹《はら》

一回《いっかい》の産卵《さんらん》で産《う》む卵《たまご》の量《りょう》を表《あらわ》す

生物《せいぶつ》の親《おや》の個体《こたい》が一回《いっかい》の産卵《さんらん》で産《う》む卵《たまご》のひとまとまりを一腹《ひとはら》と言《い》います。たとえば、ツバメは一腹《ひとはら》で五《ご》〜七個《ななこ》、ワニは一腹《ひとはら》で約八十個《やくはちじっこ》もの卵《たまご》を産《う》みます。鳥類《ちょうるい》や爬虫類《はちゅうるい》の卵《たまご》は、ダチョウの卵《たまご》のように巨大《きょだい》なものでも「個《こ》」で数《かぞ》えます（スーパーなどで売《う》られている卵《たまご》は「1《いち》パック十玉入《じったまいり》」のように表示《ひょうじ》されることもあります）。そして、魚類《ぎょるい》は一回《いっかい》の産卵《さんらん》で何万《なんまん》、何《なん》億個《おくこ》もの卵《たまご》を産《う》みます。もちろんこれも一腹《ひとはら》です。

「一腹」という数え方は、しばしばタラコを数えるときに使います。これもスケソウダラが一回《かい》の産卵《さんらん》で産《う》む（はずだった）分量《ぶんりょう》の卵《たまご》という意味《いみ》で、左右《さゆう》の卵巣《らんそう》をセットで一腹《ひとはら》と数《かぞ》えます。店《みせ》で「タラコ一腹《ひとはら》ください」と言《い》えば、細長《ほそなが》い卵《たまご》のまとまりが二本分《にほんぶん》出《だ》されるということになります。もし、それでは多《おお》すぎるという場合《ばあい》は「タラコ片腹《かたはら》ください」と言《い》います。

魚卵《ぎょらん》は常《つね》に一腹単位《ひとはらたんい》で売《う》り買《か》いされるとはかぎりません。スジコやイクラのように大《おお》きな卵《たまご》のまとまりは、なかなか一腹《ひとはら》買《か》って食《た》べるのは大変《たいへん》です。店《みせ》によっては、片腹分《かたはらぶん》の魚卵《ぎょらん》を一腹《ひとはら》と呼《よ》んで売《う》っていることもあります。

かつての築地場外市場《つきじじょうがいしじょう》には、ニシンの卵《たまご》・カズノコの専門店《せんもんてん》がありましたが、そこでは片《かた》腹分《はらぶん》のカズノコを一羽《ひとはね》と数《かぞ》えていました。これはカズノコの形《かたち》が鳥《とり》の羽《はね》に似《に》ているためだそうです。カズノコは高価《こうか》な食材《しょくざい》ですから、客《きゃく》が「片腹《かたはら》しか買《か》えない」というはずかしい気持《きも》ちにならないよう、一羽《ひとはね》と数《かぞ》えることによって気持《きも》ちよく買《か》い物《もの》をさせるための店側《みせがわ》の思《おも》いやりから生《う》まれた粋《いき》な数《かぞ》え方《かた》です。

おさらい

一腹《ひとはら》

一個《いっこ》

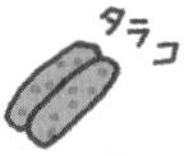

一腹《ひとはら》

片腹《かたはら》

一羽《ひとはね》

数え方

張《は》り

作《つく》り方《かた》や
使《つか》い方《かた》が
数《かぞ》え方《かた》に

和傘《わがさ》、提灯《ちょうちん》、そして太鼓《たいこ》——これらはちょっと見《み》ただけではまったくちがうものですが、共通点《きょうつうてん》があります。それは数《かぞ》え方《かた》が同《おな》じだということ。すべて一張《ひとは》り、二張《ふたは》りと数《かぞ》えます。

なぜ「張《は》り」で数《かぞ》えるのでしょう?

数《かぞ》え方《かた》が同《おな》じである理由《りゆう》は、これらの作《つく》り方《かた》に秘密《ひみつ》があります。「張《は》り」は、紙《かみ》や布《ぬの》、革《かわ》などを張《は》って作《つく》られた道具《どうぐ》の仲間《なかま》を数《かぞ》えます。たとえば、和傘《わがさ》は雨《あめ》をしのぐために、竹《たけ》の骨《ほね》、竹の柄に和紙を張って、雨がしみないように油をぬって作られています。提灯は、竹ひごで作《つく》った丸《まる》いかごの表面《ひょうめん》に紙《かみ》を張《は》っていますので、同《おな》じく「張《は》り」で数《かぞ》えます。時代劇《じだいげき》などで「提灯二張《ちょうちんふたは》り灯《とも》して歩《ある》く」といった表現《ひょうげん》を聞《き》いたことがあるかもしれませんね。行燈《あんどん》（昔《むかし》の照《しょう》明器具《めいきぐ》）も「張《は》り」で数《かぞ》えることがあります。

楽器《がっき》の太鼓《たいこ》は、紙《かみ》を張《は》っているのではなく、木製《もくせい》の胴《どう》（枠《わく》）に革《かわ》を張《は》って作《つく》ったもので、「太《たい》鼓《こ》一張《ひとは》り、二張《ふたは》り」と数《かぞ》えます。そのほかにも弦《げん》を張《は》って使《つか》うもの、弓《ゆみ》や琴《こと》といった昔《むかし》ながらのものも「張《は》り」で数《かぞ》えます。昔《むかし》の人《ひと》は、道具《どうぐ》を作《つく》るとき、どういう作業《さぎょう》があるか、どのような状態《じょうたい》で使《つか》うのかも考《かんが》えて数《かぞ》え方《かた》を決《き》めていたことがわかります。

現代《げんだい》でもわたしたちの身《み》のまわりに「張《は》り」で数《かぞ》えるものはいろいろあります。たとえば紅《こう》白幕《はくまく》や横断幕《おうだんまく》、緞帳《どんちょう》（昔《むかし》のカーテン）といったものは「一枚《いちまい》」ではなく一張《ひとは》りと数《かぞ》える習慣《しゅうかん》があります。張《は》って使《つか》うものだからですね。蚊帳《かや》も広《ひろ》げてつるして使《つか》う道具《どうぐ》なので幕《まく》と同《おな》じ数《かぞ》え方《かた》です。キャンプではテントを張《は》りますが、張《は》られたテントも一張《ひとは》りです。

おさらい

一張《ひとは》り

一張《ひとは》り

一張《ひとは》り

一張《ひとは》り

一張《ひとは》り

数え方

匹《ひき》

昔《むかし》は生《い》き物《もの》すべてを数《かぞ》えていた

犬《いぬ》や猫《ねこ》などの動物《どうぶつ》やカブトムシ、アリといった昆虫《こんちゅう》、ひいてはバクテリアまで、わたしたちは「匹《ひき》」で数《かぞ》えます。小《ちい》さい生物《せいぶつ》のための「匹《ひき》」と思《おも》われがちですが、もともと大《おお》きな動物《どうぶつ》を数《かぞ》えるものでした。

漢字《かんじ》「匹《ひき》」は象形文字《しょうけいもじ》で、馬《うま》のしっぽをかたどったもの。そこから馬《うま》を数《かぞ》えるときに使《つか》うようになりました。昔《むかし》の人《ひと》にとって、もっとも身近《みぢか》で生活《せいかつ》に欠《か》かせない動物《どうぶつ》は馬《うま》や牛《うし》で、荷車《にぐるま》を引かせたり、畑を耕してもらったりして、人はいつも家畜の背後からその姿を見てきました。『源氏物語《げんじものがたり》』や『今昔物語《こんじゃくものがたり》』でも馬《うま》を「匹《ひき》」で数《かぞ》えています。

大《おお》きな動物《どうぶつ》を数《かぞ》える「頭《とう》」は比較的新《ひかくてきあたら》しい数《かぞ》え方《かた》（70ページ）ですが、江戸時代《えどじだい》まで「匹《ひき》」は、牛馬《ぎゅうば》はもちろん、クジラやラクダ、想像上《そうぞうじょう》の生《い》き物《もの》まで、人間以外《にんげんいがい》の生《い》き物全般《ものぜんぱん》を数《かぞ》えていました。「頭《とう》」や鳥類《ちょうるい》を数《かぞ》える「羽《わ》」が登場《とうじょう》したことによって、「匹《ひき》」は「人《ひと》が恐《おそ》れを感《かん》じない生《せい》物《ぶつ》」を数《かぞ》えるように意味《いみ》が変《か》わりました。

人《ひと》が恐《おそ》れを感《かん》じない、と言《い》ってもさまざまですが、その動物《どうぶつ》と戦《たたか》ったときに勝《か》てそうかどうかが、「匹《ひき》」と「頭《とう》」の境界線《きょうかいせん》になります。わたしが調査《ちょうさ》した結果《けっか》によると、「匹《ひき》」と「頭《とう》」の中《ちゅう》間《かん》にいる動物《どうぶつ》の例《れい》はシベリアンハスキーです。「一匹《いっぴき》のハスキー」ならおとなしくかわいらしい犬《いぬ》を想像《そうぞう》させ、「一頭《いっとう》のハスキー」となると襲《おそ》われたら勝《か》てないというイメージが強《つよ》くなります。新聞記事《しんぶんきじ》では「三頭《さんとう》のライオンの赤《あか》ちゃん　動物園《どうぶつえん》で誕生《たんじょう》」のように書《か》き、今《いま》はかわいらしく小《ちい》さい子《こ》であっても、いずれ人間《にんげん》にとって怖《こわ》いと思《おも》う存在《そんざい》になることを教《おし》えています。

おさらい

一匹《いっぴき》

一匹《いっぴき》

人間《にんげん》が抱《だ》きかかえられる大《おお》きさだから、「一《いち》だっこ、二《に》だっこ」がいいと思《おも》う。ウサギとかネコみたいに、ふわっとしたものは「一《いち》ふわだっこ」とか。

数え方

部《ぶ》

ひとまとまりの印刷物《いんさつぶつ》を数《かぞ》える

書店《しょてん》に行《い》くと「百万部《ひゃくまんぶ》突破《とっぱ》のベストセラー小説《しょうせつ》!」といったキャッチコピーが書《か》かれた帯《おび》などを目《め》にします。書籍《しょせき》を数《かぞ》えていますので「百万部《ひゃくまんぶ》」を「百万冊《ひゃくまんさつ》」と言《い》ってはいけないのでしょうか。

「部《ぶ》」は、ひとまとまりの文書《ぶんしょ》、そして同《おな》じ内容《ないよう》の本《ほん》を数《かぞ》えます。たとえば会議《かいぎ》で必要《ひつよう》な書《しょ》類《るい》や、夏休《なつやす》みの宿題《しゅくだい》プリントのまとまりを作成《さくせい》するとき「コピーを十部《じゅうぶ》作《つく》る」と言《い》います。このときの資料は、すべて同じ内容なので「部」と数えます。書籍も同じ内容が印刷されたものが売《う》れるので十部《じゅうぶ》と言《い》います。書籍《しょせき》は一冊《いっさつ》、二冊《にさつ》と数《かぞ》えますが、「この図書館《としょかん》には十万冊《じゅうまんさつ》の蔵書《ぞうしょ》がある」といったように、ちがう内容《ないよう》の本《ほん》の数《かず》、種類《しゅるい》が十万種類《じゅうまんしゅるい》の本《ほん》があると言《い》うときに「冊《さつ》」を使《つか》います。続《つづ》き物《もの》の書籍《しょせき》は「巻《かん》」で数《かぞ》え、マンガの単行本《たんこうぼん》や百科事典《ひゃっかじてん》のような続《つづ》き物《もの》に全十巻《ぜんじっかん》のように順序《じゅんじょ》をつけるのに使《つか》います。「巻《かん》」は、古《ふる》くは巻物《まきもの》を数《かぞ》えていて、そこから書物一般《しょもついっぱん》にも使《つか》うようになりました。

このほかにも、「部《ぶ》」は区分《くわ》けした部分《ぶぶん》を数《かぞ》えたりもします。「二部構成《にぶこうせい》」「三部作《さんぶさく》」のように、あるひとくくりのものを複数《ふくすう》の部分《ぶぶん》や種類《しゅるい》に分《わ》けた場合《ばあい》の部分《ぶぶん》を数《かぞ》えます。音楽《おんがく》のグループや楽器《がっき》の演奏《えんそう》グループの組《く》み合《あ》わせでも「二部合唱《にぶがっしょう》」と言《い》いますよね。数字《すうじ》の「一《いち》」を付《つ》けて、全体《ぜんたい》に対《たい》する部分《ぶぶん》も表《あらわ》すことができます。「これは問題《もんだい》のほんの一部《いちぶ》だ」とか「一部《いちぶ》の人《ひと》から意見《いけん》が出《で》る」などが例《れい》です。これらを「二部《にぶ》、三部《さんぶ》」のように数《かず》を増《ふ》やして言《い》いかえることはできません。

おさらい

三部《さんぶ》

三冊《さんさつ》

三巻《さんかん》

全体《ぜんたい》の一部《いちぶ》

数え方

房《ふさ》

垂《た》れさがっているまとまりを数《かぞ》える

「房《ふさ》」という言葉《ことば》は、多《おお》くのものが群《むら》がり集《あつ》まっているようすを表《あらわ》します。古《ふる》くは糸《いと》や毛《け》などを組《く》んで編《あ》んだ紐《ひも》の一方《いっぽう》の端《はし》をまとめたり束《たば》ねたりし、もう一方《いっぽう》をまとめずに垂《た》らして散《ち》らしてあるものを表《あらわ》します。「束《たば》」という数《かぞ》え方《かた》は単《たん》にまとめてあるものを表《あらわ》すのですが、その一方《いっぽう》、「房《ふさ》」はまとめて垂《た》れているものという意味《いみ》が強《つよ》いです。

房状《ふさじょう》になって垂《た》れさがるものは何《なに》かと言《い》うと、たとえば藤《ふじ》の花《はな》などです。藤《ふじ》の花房《はなぶさ》の長《なが》さは、よく目にするシロバナフジやアケボノフジであれば20〜30㎝が一般的。八重咲のヤエフジは30〜40㎝ですし、滝《たき》のように垂《た》れさがる花《はな》が見事《みごと》なあわい紫色《むらさきいろ》のノダナガフジになると約《やく》1mにもおよびます。これらの藤《ふじ》の花房《はなぶさ》は、長《なが》さに関係《かんけい》なく花《はな》のまとまりを一房《ひとふさ》、二房《ふたふさ》と数《かぞ》えます。藤棚《ふじだな》は一棚《ひとたな》、二棚《ふたたな》と数《かぞ》え、「この庭園《ていえん》には藤棚《ふじだな》が二十棚《にじったな》あります」のように言《い》います。

「房《ふさ》」という数《かぞ》え方《かた》は、果物《くだもの》のまとまりを数《かぞ》えるのにも使《つか》います。わかりやすいのはブドウです。巨峰《きょほう》やシャインマスカットといった大粒《おおつぶ》のブドウは、一房《ひとふさ》500〜800gもあり、果実《かじつ》は30〜40粒程度《つぶていど》が付《つ》いているそうです。バナナは、果実《かじつ》がまとまって付《つ》いている一《ひと》かたまりを「バナナ一房《ひとふさ》」と数《かぞ》えます。木《き》からそのまま切《き》り取《と》ったような、バナナが30〜40本《ぽん》付《つ》いている大《おお》きな房《ふさ》も一房《ひとふさ》ですし、スーパーなどでは5〜6本《ぽん》バナナが付《つ》いたまとまりを「一房《ひとふさ》100円《えん》」のようにも数《かぞ》えるので、一房分《ひとふさぶん》の具体的《ぐたいてき》なバナナの本数《ほんすう》は決《き》まっていません。そのほかにも柑橘類《かんきつるい》の皮《かわ》をむいて出《で》てくる個々《ここ》の袋《ふくろ》も「房《ふさ》」で数《かぞ》え、「このミカンは十二房《じゅうにふさ》入《はい》っていた」のように言《い》います。

おさらい

一房《ひとふさ》

一房《ひとふさ》

一棚《ひとたな》

一房《ひとふさ》

一房《ひとふさ》

数え方

舟《ふね》

おいしい世界《せかい》へこぎだそう

　乗《の》り物《もの》の船《ふね》やボートを数《かぞ》える場合《ばあい》は「一隻《いっせき》の客船《きゃくせん》」とか「二艘《にそう》の小舟《こぶね》」のように数《かぞ》えます。助《じょ》数詞《すうし》「舟《ふね》」は、舟《ふね》のような形《かたち》をしたものを数《かぞ》えます。ここではおいしい食《た》べ物《もの》との関係《かんけい》を見《み》てみましょう。

　縁日《えんにち》でタコ焼《や》きを買《か》うとプラスチックのパックに入《はい》っていることもありますが、風情《ふぜい》のある薄《うす》い木《き》の板《いた》を使《つか》っていることもありますよね。これは「タコ焼《や》き一舟《ひとふね》」と言《い》います。スギや

ヒノキなどの針葉樹をけずりだした、この薄い板は「経木」と呼ばれます。日本に仏教とともに伝来《でんらい》して写経《しゃきょう》（お手本《てほん》の文字《もじ》を見《み》ながら、まねして書《か》くこと）に使《つか》われたことから、その名《な》が付《つ》きました。古《ふる》くから、包装《ほうそう》したり持《も》ち運《はこ》んだりするためのものとして使《つか》われていて、素《そ》材《ざい》がやわらかいので舟《ふね》の形《かたち》に組《く》み立《た》てることができ、現代《げんだい》ではタコ焼《や》きやタレの付《つ》いた串《くし》モノを盛《も》るのに使《つか》われています。プラスチックのパックのほうが手頃《てごろ》な値段《ねだん》ですが、最近《さいきん》ではゴミ問題《もんだい》やエコロジーの面《めん》からも経木《きょうぎ》の容器《ようき》の良《よ》さがふたたび注目《ちゅうもく》されています。

タコ焼《や》き以外《いがい》でも、刺身《さしみ》を舟形《ふながた》の「料理舟《りょうりぶね》」と呼《よ》ばれる器《うつわ》に豪快《ごうかい》に盛《も》りつけたときは「刺身《さしみ》一舟《ひとふね》」と言《い》います。この器自体《うつわじたい》は一台《いちだい》ですが、刺身《さしみ》が盛《も》りつけられると「舟《ふね》」で料理《りょうり》を数《かぞ》えます。

もう一《ひと》つ、豆知識《まめちしき》として「舟《ふね》」で数《かぞ》えるものを紹介《しょうかい》しましょう。意外《いがい》なことに、それは瓜《うり》です。奈良漬《ならづ》けは、白《しろ》ウリという歯《は》ごたえの良《よ》い種類《しゅるい》を縦《たて》に切《き》り、なかのワタをかきだして作《つく》ります。ワタを取《と》り除《のぞ》いたくぼみに塩《しお》をふって、酒粕《さけかす》と砂糖《さとう》で本漬《ほんづ》けにします。熟成《じゅくせい》させた形《かたち》が舟《ふね》のように見《み》えるので、切《き》り分《わ》ける前《まえ》の奈良漬《ならづ》けは一舟《ひとふね》、二舟《ふたふね》と数《かぞ》えるのです。

おさらい

一隻《いっせき》・一艘《いっそう》

一舟《ひとふね》

一舟《ひとふね》

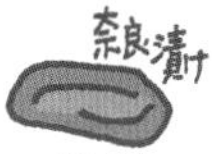

一舟《ひとふね》

バナナを横向《よこむ》きにすると舟《ふね》みたいな形《かたち》だよね。だから「1《いち》ボート、二《に》ボート」って数《かぞ》えようかな。

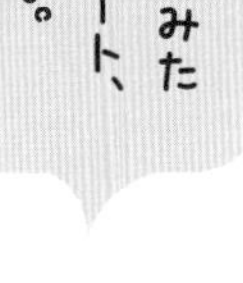

数え方

舗《ほ》

並《なら》べて畳《たた》めるものを数《かぞ》える

「舗装《ほそう》」とか「店舗《てんぽ》」などで使《つか》う「舗《ほ》」という字《じ》を知《し》っていますか？　「舗《ほ》」は何《なに》かを敷《し》いて並《なら》べることを表《あらわ》します。昔《むかし》の道《みち》にはアスファルトではなく、レンガや石《いし》が敷《し》いて並《なら》べられていました。そこから転《てん》じて、小《ちい》さいものをびっしりと並《なら》べて使《つか》えるようにしたものに「舗《ほ》」の字《じ》を使《つか》います。たとえば、「店舗《てんぽ》」という言葉《ことば》がありますが、商品《しょうひん》を並《なら》べて売《う》るための建物《たてもの》のことですね。「みせ」は「商品《しょうひん》を並《なら》べて〝見《み》せる〟場所《ばしょ》」に由来《ゆらい》しています。

「舗」は、地図の数え方としても使われます。小さいものを敷いて並べて完成させた特徴から、地図《ちず》は道《みち》や店《みせ》と共通《きょうつう》した性質《せいしつ》があるのです。現代《げんだい》ではインターネットの地図《ちず》サイトで簡単《かんたん》に地図《ちず》を見《み》ることができます。しかし、200年前《ねんまえ》は地図《ちず》を作《つく》るのは大変《たいへん》な作業《さぎょう》でした。日本《にほん》地図《ちず》を最初《さいしょ》に完成《かんせい》させたと言《い》われる伊能忠敬《いのうただたか》は、全国《ぜんこく》を歩《ある》いて測量《そくりょう》し、二百十四枚《にひゃくじゅうよんまい》にもおよぶ「大図《だいず》」と呼《よ》ばれる実測図《じっそくず》を作成《さくせい》しました。大図《だいず》一枚《いちまい》が畳一枚分《たたみいちまいぶん》と同《おな》じ大《おお》きさだったそうですから、二百十四枚《にひゃくじゅうよんまい》ともなれば二百畳《にひゃくじょう》以上《いじょう》もの大広間《おおひろま》を埋《う》めつくす面積《めんせき》だったことでしょう。全国《ぜんこく》の測量《そくりょう》で集《あつ》めた大図《だいず》をパズルのように敷《し》いて並《なら》べ、貼《は》り合《あ》わせて、ようやく日本《にほん》の全容《ぜんよう》が見《み》えてきました。だから、小《ちい》さいものを敷《し》いて並《なら》べて作《つく》られた地図《ちず》を一舗《いっぽ》と数《かぞ》えるのです。

地図《ちず》の紙《かみ》は広《ひろ》げた状態《じょうたい》では一枚《いちまい》ですが、持《も》ち歩《ある》けるように折《お》りたたんだものを「舗《ほ》」で数《かぞ》える習慣《しゅうかん》があります。ページが折《お》りたたんであり、広《ひろ》げて読《よ》む書籍《しょせき》も同《おな》じように数《かぞ》えます。

おさらい

いくつかのものを並べて貼り合わせた地図

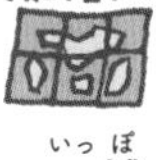

一舗《いっぽ》

持ち歩けるように折りたたんだ地図

一舗《いっぽ》

数え方

本《ほん》

細長《ほそなが》いものから電車《でんしゃ》まで数《かぞ》える

日本語《にほんご》の数《かぞ》え方《かた》のなかで、もっとも謎《なぞ》めいているのが「本《ほん》」です。細長《ほそなが》いものを数《かぞ》えるとだけ思《おも》っていると、そこに当《あ》てはまらない例《れい》に出《で》あったときに、とても悩《なや》むことになります。その一《ひと》つの例《れい》が、電車《でんしゃ》を数《かぞ》える「本《ほん》」の使《つか》い方《かた》です。

駅《えき》のホームで電車《でんしゃ》を待《ま》っているとき、「当駅《とうえき》始《し》発《はつ》の準急《じゅんきゅう》は、このあと各駅停車《かくえきていしゃ》二《に》本《ほん》後《あと》に発《はっ》車《しゃ》します」のようなアナウンスを耳《みみ》にしたことがあると思《おも》います。電車《でんしゃ》は細長《ほそなが》い形《かたち》をしているから「本」なのかと思うと、それはまちがいです。「電車が混みあっております。無理をせず、一台《いちだい》お待《ま》ちください」というアナウンスも聞《き》いたことがあるかもしれません。同《おな》じ電車《でんしゃ》を数《かぞ》えているのに、「本《ほん》」と「台《だい》」で数《かぞ》え方《かた》がちがうのです。これはなぜなのでしょう。

理由《りゆう》は二《ふた》つあります。一《ひと》つめは、電車《でんしゃ》の運行《うんこう》ダイヤがヒントです。電車《でんしゃ》の発車順《はっしゃじゅん》は、鉄道《てつどう》の運行《うんこう》ダイヤによってあらかじめ決《き》まっています。それを図《ず》にしたものは、どの電車《でんしゃ》がいつ、どの駅《えき》を通過《つうか》しているのかひと目《め》でわかるよう、線《せん》がななめに引《ひ》かれています。その格子《こうし》がダイヤ模様《もよう》に見《み》えるため「ダイヤグラム」と言《い》われます。駅《えき》のアナウンスで言《い》う「二本《にほん》後《あと》に発車《はっしゃ》」の「本《ほん》」は、ダイヤグラムの線《せん》を数《かぞ》えています。電車《でんしゃ》が細長《ほそなが》いから一本《いっぽん》と数《かぞ》えているのではありません。二《ふた》つめの理由《りゆう》は、乗《の》り物《もの》は「台《だい》」で数《かぞ》えるからです。「一台《いちだい》お待《ま》ちください」というアナウンスでは、乗《の》り物《もの》として利用《りよう》する電車《でんしゃ》を数《かぞ》えていて、ダイヤを数《かぞ》えているのではありません。電車《でんしゃ》の車両《しゃりょう》は、エレベーターと同《おな》じように人《ひと》を運《はこ》ぶ箱《はこ》、移動《いどう》するための手段《しゅだん》であるため「台《だい》」で数《かぞ》えるのです。

おさらい

一本《いっぽん》

一本《いっぽん》

一台《いちだい》

一両《いちりょう》

クイズ4

道具《どうぐ》の数《かぞ》え方《かた》

（　）のなかに入《はい》る正《ただ》しい数《かぞ》え方《かた》はどれ？　一《ひと》つ選《えら》びましょう。

①
山《やま》の地図《ちず》を1（　）折《お》りたたんでポケットに入《い》れてハイキングに出《で》かけました。

面《めん》、折《おり》、舗《ぽ》

②
うちのリビングには、テレビのリモコンが3（　）もあって、ややこしい。

個《こ》、機《き》、台《だい》

③
公園《こうえん》にあったベンチが1（　）撤去《てっきょ》されました。

脚、台、基

④ 完成《かんせい》まで積《つ》み重《かさ》ねるあと少《すこ》しの努力《どりょく》を「一《いっ》（　　）の功《こう》」と言《い》います。

杯《ぱい》、簣《き》、縷《る》

⑤ 江戸時代《えどじだい》に作《つく》られた和傘《わがさ》が3（　　）、博物館《はくぶつかん》に展示《てんじ》されていました。

張《は》り、把《わ》、着《ちゃく》

⑥ 料理《りょうり》に使《つか》う、菜箸《さいばし》は2本《ほん》で1（　　）です。

膳《ぜん》、対《つい》、双《そう》

★こたえは119ページにあります。

数え方

枚《まい》

スポーツにも使《つか》える強《つよ》い数《かぞ》え方《かた》

「枚《まい》」で数《かぞ》えるものは一般的《いっぱんてき》に平《たい》らです。紙《かみ》とかカード、板《いた》、戸《と》、ガラス、平皿《ひらざら》やまな板《いた》などがすぐに思《おも》いつく例《れい》でしょうか。「枚《まい》」という数《かぞ》え方《かた》は、もともとは「個《こ》(箇《こ》)」と同《おな》じように、物《もの》や人物全般《じんぶつぜんぱん》を数《かぞ》えるのに使《つか》いました。たとえば「この企《たくら》みに一枚《いちまい》かむ」と言《い》いますが、これは板《いた》ガムをかむようなイメージではなく、一役買《ひとやくか》うという意味《いみ》です。役割《やくわり》や仕事《しごと》を担《にな》う人《にん》数《ずう》も「枚《まい》」で表《あらわ》します。

役者《やくしゃ》を二枚目《にまいめ》とか三枚目《さんまいめ》と言《い》うことがあります。かつては劇場の看板に、右を上位として役者《やくしゃ》の名前《なまえ》をかかげたことに由来《ゆらい》します。たいてい二枚目《にまいめ》にはイケメン、三枚目《さんまいめ》にはおどけた道化役《どうけやく》が登場《とうじょう》していました。

　現代《げんだい》でも、野球《やきゅう》でエースが二人《ふたり》いるチームでは、その投手二人《とうしゅふたり》を指《さ》して二枚肩《にまいがた》と言《い》います。かつて、駕籠《かご》（竹《たけ》や木《き》でできた座席《ざせき》を棒《ぼう》からつるした乗《の》り物《もの》）の棒《ぼう》の両端《りょうたん》を担《にな》う二人《ふたり》を表《あらわ》したためです。野球《やきゅう》では、点《てん》を与《あた》えない役目《やくめ》がある投手《とうしゅ》は、試合《しあい》の勝《か》ち負《ま》けの鍵《かぎ》をにぎっていると言《い》えます。

　バレーボールでは、選手達《せんしゅたち》はネット際《ぎわ》でジャンプしてブロックします。このブロックは、跳《と》んだ人数《にんずう》を「枚《まい》」で数《かぞ》え「二枚《にまい》ブロック」のように言《い》います。まさに壁《かべ》ですね。サッカーでもディフェンスの人数《にんずう》を「この試合《しあい》ではDFを三枚置《さんまいお》く」のように言《い》います。将棋《しょうぎ》の駒《こま》を一枚《いちまい》、二枚《にまい》と数《かぞ》えることに由来《ゆらい》します。サッカーチームの監督《かんとく》が守備《しゅび》の配置《はいち》を考《かんが》えるとき、将棋《しょうぎ》の駒《こま》を置《お》くように布陣《ふじん》を組《く》むからだと言《い》われています。

おさらい

一枚《いちまい》

一枚《いちまい》かむ

二枚目《にまいめ》

二枚肩《にまいがた》

二枚《にまい》ブロック

一枚《いちまい》

数え方

棟《むね》

建物《たてもの》のようすを読《よ》み方《かた》で伝《つた》える数《かぞ》え方《かた》

家《いえ》の数《かぞ》え方《かた》にはいろいろあります。「ポツンと一軒家《いっけんや》」と言《い》うかと思《おも》えば、「一戸《いっこ》建《だ》て住宅《じゅうたく》を買《か》う」と言《い》ったりします。「軒《けん》」は「のき・ひさし」を表《あらわ》していて、独立《どくりつ》した家屋《かおく》や民家《みんか》を数《かぞ》えます。マンションは一棟《いっとう》、二棟《にとう》と数《かぞ》えますが、各世帯《かくせたい》が入居《にゅうきょ》するそれぞれの部屋《へや》を「戸《こ》」で数《かぞ》えます。マンションの広告《こうこく》などに「三百戸《さんびゃっこ》の大型《おおがた》マンション」といった表現《ひょうげん》があります。これは一棟《いっとう》に三百世帯《さんびゃくせたい》が住《す》むことのできるマンションという意味《いみ》です。

「棟」という数え方は二通りの読み方ができます。一つは一棟、もう一つは一棟です。同じ漢字《かんじ》を使《つか》っているため、意味《いみ》も同《おな》じだと思《おも》いがちですが、そうではありません。読《よ》み方《かた》でニュアンスのちがいを表現《ひょうげん》することができます。「とう」はビルやマンションなどの大《おお》きい建《た》物《もの》を想像《そうぞう》させます。「号《ごう》」を付《つ》けて三号棟《さんごうとう》のように示《しめ》すこともできます。一方《いっぽう》、「むね」と読《よ》むと「三号棟《さんごうむね》」とは言《い》えませんし、わりと小規模《しょうきぼ》な建物《たてもの》を連想《れんそう》させます。

テレビやラジオでは「木造《もくぞう》アパート二棟《ふたむね》が全焼《ぜんしょう》」のように、火事《かじ》になった住宅《じゅうたく》を「むね」と読《よ》んでいることが多《おお》いことに気《き》づくでしょう。放送局《ほうそうきょく》によって、住宅《じゅうたく》・アパート・倉庫《そうこ》・工場《こうじょう》などの数《かず》を言《い》う際《さい》は「とう」で読《よ》み、災害《さいがい》を伝《つた》える原稿《げんこう》では、建物一般《たてものいっぱん》を「むね」と読《よ》んで、通《つう》常《じょう》の文脈《ぶんみゃく》と区別《くべつ》することがあるそうです。ニュースで一棟《ひとむね》と聞《き》いた場合《ばあい》は、火災《かさい》や水害《すいがい》、倒《とう》壊《かい》など、その建物《たてもの》に何《なに》か被害《ひがい》があったということをイメージできます。

おさらい

一軒《いっけん》・一戸《いっこ》・一棟《ひとむね》

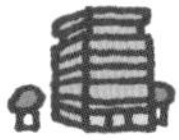

一棟《いっとう》

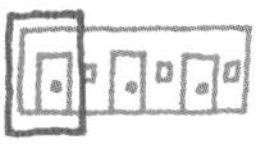

一戸《いっこ》

お菓子《かし》の家《いえ》って、とても夢《ゆめ》があるよね。だから「一夢《ひとゆめ》、二夢《ふたゆめ》」って数《かぞ》えるのはどうかな？

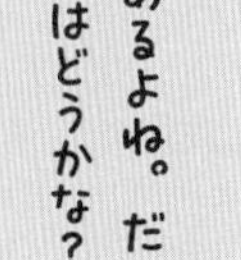

数え方

名《めい》

名《な》のある人《ひと》をていねいに数《かぞ》える

人《ひと》を数《かぞ》えるとき、三人《さんにん》とか十人《じゅうにん》と「人《にん》」で数《かぞ》えますが、一名《いちめい》、二名《にめい》と言《い》うこともあります。両方《りょうほう》とも同《おな》じように使《つか》うと思《おも》ってしまいがちですが、使《つか》い分《わ》けが必要《ひつよう》な場合《ばあい》がたくさんあります。

もっとも基本的《きほんてき》なちがいは、数《かぞ》える人《ひと》の名前《なまえ》がわかっているか、いないかです。たとえば、卒業式《そつぎょうしき》で「卒業生《そつぎょうせい》二《に》百八十七名《ひゃくはちじゅうななめい》」のように言《い》いますよね。これはクラスの名簿《めいぼ》などに卒業生《そつぎょうせい》の名前が載っており、名前が明らかになっているからです。それに対し「フォロワー数二万名」というと、それぞれの名前《なまえ》がわかっているような意味《いみ》になり、変《へん》な感《かん》じです。誰《だれ》だかわからないけどたくさんのフォロワーがいる、と伝《つた》えるときには「フォロワー数二万人《すうにまんにん》」が適切《てきせつ》です。

飲食店《いんしょくてん》などで人数《にんずう》を聞《き》かれた際《さい》「一名様《いちめいさま》ご来店《らいてん》です」と言《い》われます。名前《なまえ》を知《し》らなくても来客《らいきゃく》を「名《めい》」で表《あらわ》すことで名《な》のある人《ひと》としてもてなすという意味《いみ》が強《つよ》まり、ていねいな接客表現《せっきゃくひょうげん》となります。「お一人様《ひとりさま》ご来店《らいてん》」と言《い》われると、少《すこ》しさびしいニュアンスになるような印象《いんしょう》です。たしかにひとりぼっちとは言《い》いますが「一名《いちめい》ぼっち」と言《い》わないことからも、「名《めい》」を使《つか》って表《あらわ》すほうがていねいで尊敬《そんけい》の意味《いみ》を込《こ》めていることがわかります。

「名《めい》」と「人《にん》」には、使《つか》い方《かた》のちがいがあります。「名《めい》」には順番《じゅんばん》を表《あらわ》す「目《め》」を付《つ》けることができません。三人目《さんにんめ》とは言《い》えますが「三名目《さんめいめ》」とは言《い》えません。一方《いっぽう》、三名様《さんめいさま》のように「名《めい》」に「様《さま》」を付《つ》けても問題《もんだい》ありませんが、「三人様《さんにんさま》」とは言《い》えません。「お」を付《つ》けてお一人様《ひとりさま》、お二人様《ふたりさま》とは言《い》えますが、それを超《こ》えると「名《めい》」だけが「様《さま》」を付《つ》けられます。

おさらい

一人《ひとり》

一名《いちめい》

ま行

数え方

面《めん》

表面《ひょうめん》が大切《たいせつ》なものを数《かぞ》える

「面《めん》」は意外《いがい》によく使《つか》う数《かぞ》え方《かた》で、今日《きょう》もあなたは使《つか》ったかもしれません。もともとは、顔《かお》をおおう面《めん》（能面《のうめん》、仮面《かめん》、狂言面《きょうげんめん》）などを数《かぞ》えました。お面《めん》は、目《め》の穴《あな》だけが空《あ》いていて顔《かお》をおおうものですが、そこから広《ひろ》がって双眼鏡《そうがんきょう》やオペラグラスを数《かぞ》えることもあります。これらは顔《かお》に当《あ》てて両目《りょうめ》でのぞき込《こ》んで使《つか》う道具《どうぐ》だからです。

表面《ひょうめん》を使《つか》う楽器《がっき》や道具《どうぐ》も「面《めん》」で数《かぞ》えることがあります。たとえば、琴《こと》や琵琶《びわ》は、表面《ひょうめん》に張《は》られた弦をつまびいて演奏しますので「琴一面」「琵琶三面」のように言います。三面鏡でなじみがあるように、表面《ひょうめん》がなめらかで硬《かた》い用具《ようぐ》も仲間《なかま》です。歴史《れきし》の教科書《きょうかしょ》では、「古墳《こふん》から青銅鏡《せいどうきょう》五面《ごめん》が出土《しゅつど》」といったように表《あらわ》されています。

このほかにも表面《ひょうめん》を生《い》かすものを数《かぞ》えるという意味《いみ》に広《ひろ》げられ、映像《えいぞう》を映《うつ》しだしたり情報《じょうほう》を表示《ひょうじ》したりする機械類《きかいるい》も数《かぞ》えるようになりました。たとえば、街中《まちなか》やイベント会場《かいじょう》でよく見《み》かける大型《おおがた》モニター、ビルの壁面《へきめん》に設置《せっち》されているようなデジタルパネルなど、「大型《おおがた》モニター十面設置《じゅうめんせっち》」のように数《かぞ》えます。

表面《ひょうめん》で対決《たいけつ》するものも「面《めん》」を使《つか》って数《かぞ》えます。たとえば、「テニスコートが六面《ろくめん》あるスポーツ施設《しせつ》」「土俵《どひょう》が二面《にめん》ある道場《どうじょう》」「競泳《きょうえい》プール一面《いちめん》」のようにスポーツをする大規模《だいきぼ》なもの、広《ひろ》い場所《ばしょ》を表《あらわ》します。比較的《ひかくてき》小《ちい》さいものでも、碁盤《ごばん》や将棋盤《しょうぎばん》、チェス盤《ばん》といった盤面《ばんめん》で勝負《しょうぶ》を決《けっ》する遊具《ゆうぐ》も数《かぞ》えます。「三十五面《さんじゅうごめん》クリア」といった、テレビゲームなどのクリアすべき場《ば》面《めん》やステージもそこから転《てん》じて表《あらわ》します。

おさらい

一面《いちめん》

一面《いちめん》

一面《いちめん》

一面《いちめん》

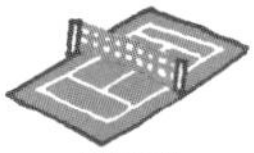
一面《いちめん》

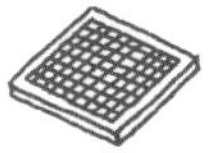
一面《いちめん》

数え方

山《やま》

身近《みぢか》なものから最高峰《さいこうほう》まで数《かぞ》える

今《いま》はスーパーが増《ふ》えて、昔《むかし》ながらの八百屋《やおや》さんが減《へ》ってきましたが、かつては店先《みせさき》でトマトや玉《たま》ねぎ、ジャガイモなどを平皿《ひらざら》に高々《たかだか》と盛《も》って「一山《ひとやま》３００円《えん》」のように値札《ねふだ》が出《で》ていました。「山《やま》」という数《かぞ》え方《かた》は、山《やま》のように高《たか》く積《つ》み上《あ》げたものをひとまとまりに扱《あつか》うための目安《めやす》として使《つか》われました。現代《げんだい》は1《いち》パックや一袋《ひとふくろ》などが、野菜《やさい》が店《みせ》で売《う》られるときの単位《たんい》ですね。

「山《やま》」は、文字通《もじどお》り山《やま》を数《かぞ》えます。「一山越《ひとやまこ》えて隣村《となりむら》に行《い》く」とか「二山先《ふたやまさき》に、人里《ひとざと》がある」といったような、その地に行くまでの道のりを表す表現で使われました。そこから転じて、困難《なん》な時期《じき》を乗《の》り越《こ》えることをたとえて「一山越《ひとやまこ》えた」と言《い》います。

山《やま》の数《かぞ》え方《かた》は「山《やま》」以外《いがい》にもたくさんあります。「山《やま》」を「さん」と読《よ》めば、景色《けしき》が美《うつく》しく、有《ゆう》名《めい》な山登《やまのぼ》りのスポットであることを表《あらわ》します。「日本三名山《にほんさんめいざん》」と言《い》えば富士山《ふじさん》・立山《たてやま》・白山《はくさん》ですね。そのほかにも、おもむきのある数《かぞ》え方《かた》として「座《ざ》」で山《やま》を数《かぞ》えることもあります。これは、山《やま》を神様《かみさま》の座《すわ》る場所《ばしょ》と考《かんが》える風習《ふうしゅう》から、神々《こうごう》しさがただよう、ひときわ高《たか》い山《やま》を「座《ざ》」で数《かぞ》えます。たとえば、登山家《とざんか》らは数千《すうせん》メートル級《きゅう》の山《やま》を指《さ》して「十四座《じゅうよんざ》を完全登頂《かんぜんとうちょう》」のように言《い》います(山《やま》のように夏空《なつぞら》にもくもくと出《で》る入道雲《にゅうどうぐも》も「座《ざ》」で数《かぞ》えることがあります)。

このほかにも「峰《ほう》」を使《つか》って「世界七峰《せかいななほう》」のように表現《ひょうげん》することがあります。これら七峰《ななほう》には、エベレスト、南《みなみ》アメリカ大陸《たいりく》にあるアコンカグア、北《きた》アメリカ大陸《たいりく》にあるデナリなど、6000m級《きゅう》以上《いじょう》の山《やま》がふくまれます。気軽《きがる》に行《い》けるハイキングなどで登《のぼ》れるくらいの山《やま》は「座《ざ》」や「峰《ほう》」ではなく、八百屋《やおや》さんの野菜《やさい》と同《おな》じ「山《やま》」で数《かぞ》えます。

おさらい

一山《ひとやま》

一山《ひとやま》

一座《いちざ》

一峰《いっぽう》

数え方

葉《よう》

写真《しゃしん》やハガキへの気持《きも》ちを表《あらわ》す数《かぞ》え方《かた》

思《おも》い出《で》の笑顔《えがお》が写《うつ》った写真《しゃしん》、愛《あい》する人《ひと》からもらったハガキ、大切《たいせつ》なメッセージカード、手《て》作《づく》りの美《うつく》しいしおり――そういったものは平《ひら》べったい形《かたち》をしています。だからといって、一《いち》枚《まい》、二枚《にまい》と数《かぞ》えると、ふつうの紙《かみ》や捨《す》ててしまっても問題《もんだい》ないメモなどと同《おな》じに聞《き》こえ、ありがたみが薄《うす》れてしまいます。

そのようなときに使《つか》いたい数《かぞ》え方《かた》が「葉《よう》」です。「葉《よう》」は、薄《うす》く平《ひら》べったいものを数《かぞ》えますが、

「枚」よりも繊細です。葉のように手に取ることができるくらいのサイズのもの、しかも折りたたまれたり綴《と》じられたりしていないものを数《かぞ》えます。手《て》に取《と》れる、ということは、手《て》のひらに載《の》せてじっとながめていたいような、大切《たいせつ》に持《も》ち歩《ある》きたいほどの価値《かち》に気持《きも》ちを寄《よ》せる効果《こうか》があります。

小《ちい》さいものは「片《へん》」で数《かぞ》えることもあります。「花《はな》びら一片《いっぺん》」「紙吹雪三片《かみふぶきさんぺん》」のように使《つか》いますが、「片《へん》」で数《かぞ》える場合《ばあい》は取《と》るに足《た》らないもの、かけら、切《き》れ端《はし》という意味《いみ》があります。紙《かみ》類《るい》にかぎらず、ジグソーパズルのピース、価値《かち》の失《うしな》われた使用済《しようず》みの切手《きって》、チケットの半券《はんけん》などが該当《がいとう》します。捨《す》ててもかまわないもの、舞《ま》い散《ち》らせるだけたくさんあるものは「葉《よう》」では数《かぞ》えません。「ひら」で数《かぞ》えたほうが詩的《してき》で美《うつく》しいものが舞《ま》うイメージを強調《きょうちょう》できます。桜《さくら》の花《はな》びらを一片《いっぺん》と数《かぞ》えると散《ち》って地面《じめん》に落《お》ちてしまっている印象《いんしょう》ですが、一《ひと》ひらと言《い》えば落《お》ちる前《まえ》の散《ち》り際《ぎわ》の美《うつく》しさやはかなさを強調《きょうちょう》できるのです。「葉《よう》」で数《かぞ》えるものは舞《ま》い散《ち》らせないほど大切《たいせつ》な薄《うす》く平《ひら》たいものですので、使《つか》い方《かた》のちがいに気《き》をつけましょう。

おさらい

一枚《いちまい》

一葉《いちよう》

一片《いっぺん》・一《ひと》ひら

数え方

輪《りん》

ホイール、スポークをお手本《てほん》にした数《かぞ》え方《かた》

「輪《りん》」という漢字《かんじ》の部首《ぶしゅ》からわかるように、「輪《りん》」は車《くるま》の車輪《しゃりん》を表《あらわ》します。そこから広《ひろ》げて、車輪《しゃりん》のように丸《まる》いものや輪郭《りんかく》のある丸《まる》い形《かたち》をしたものを指《さ》します。これを使《つか》うのは、花《はな》を数《かぞ》えるときです。「一輪《いちりん》の花《はな》」と言《い》うことがありますね。一輪《いちりん》と数《かぞ》える場合《ばあい》、花《はな》はなんでもよいというわけではありません。「輪《りん》」で数《かぞ》える花《はな》は中心《ちゅうしん》のわかる形《かたち》でホイール型《がた》をしていることが理想《りそう》です。花《はな》の中心《ちゅうしん》から花《はな》びらが車輪《しゃりん》のスポークにあたる部分《ぶぶん》に広《ひろ》がって付《つ》いている、そ

して車軸《しゃじく》に相当《そうとう》する茎《くき》に大《おお》きい花《はな》が咲いている、そのような花——バラやダリア、キクやヒマワリなどがよい例《れい》です——を一輪《いちりん》と数《かぞ》えると良《よ》いでしょう。バラの花《はな》で言《い》えば、つぼみは一個《いっこ》ですが、それがほころび、花《はな》が開《ひら》いた状態《じょうたい》を一輪《いちりん》と数《かぞ》えます。

チューリップやユリといった花《はな》も美《うつく》しいですが、花《はな》の形《かたち》が円錐型《えんすいがた》をしているので、車輪《しゃりん》に由来《ゆらい》する「輪《りん》」のイメージからは離《はな》れてしまいます。ですので、これらの花《はな》は、つぼみの状態《じょうたい》もふくめ一本《いっぽん》と数《かぞ》えます。カスミソウや野菊《のぎく》のような一本《いっぽん》の枝《えだ》が分《わ》かれてたくさんの花《はな》が付《つ》いている花《はな》は一枝《ひとえだ》と数《かぞ》えます。花《はな》がたくさん付《つ》いている枝《えだ》は、雅《みやび》な言《い》い方《かた》で「一朶《いちだ》の花《はな》」と言《い》ったりもします。「万朶《ばんだ》の花《はな》」は、花《はな》が木々《きぎ》に咲《さ》きほこるようすを表《あらわ》します。

お花紙《はながみ》で作《つく》る、運動会《うんどうかい》やお祭《まつ》りで飾《かざ》る造花《ぞうか》は、花《はな》の形《かたち》は車輪《しゃりん》に近《ちか》いですが、車軸《しゃじく》となる茎《くき》を持《も》たないので一個《いっこ》と数《かぞ》えます。式典《しきてん》などで胸《むね》に付《つ》ける飾《かざ》りや、アクセサリーとしての髪《かみ》飾《かざ》りも「輪《りん》」ではなく一個《いっこ》や一点《いってん》と数《かぞ》えます。

おさらい

一輪《いちりん》

一輪《いちりん》

つぼみ

一個《いっこ》

一本《いっぽん》

茎のない造花

一個《いっこ》

数え方

羽《わ》

なぜウサギは「一羽《いちわ》」で数《かぞ》える？

スズメやハト、ニワトリ、クジャク、ダチョウまで、鳥類《ちょうるい》は一羽《いちわ》、二羽《にわ》と数《かぞ》えます。鳥《とり》の仲間《なかま》は羽《はね》があるから「羽《わ》」で数《かぞ》えますが、羽《はね》のある生《い》き物《もの》すべてをこう数《かぞ》えるわけではありません。トンボやセミ、チョウなど飛《と》ぶ昆虫《こんちゅう》や、コウモリといった羽《はね》を持《も》ったほ乳類《にゅうるい》、そしてペガサスなどの空想上《くうそうじょう》の動物《どうぶつ》は「羽《わ》」では数《かぞ》えません。

ウサギはふつう一匹《いっぴき》と数《かぞ》えますが、一羽《いちわ》と数《かぞ》えることも知《し》られています。これにはいろいろな説《せつ》があると言《い》われていますが、四本足の動物の肉を口にすることができないお坊さんが二本足《にほんあし》で立《た》つウサギを鳥類《ちょうるい》だとこじつけて食《た》べたとする説《せつ》、ウサギの耳《みみ》が鳥《とり》の羽《はね》に見《み》えるためだとする説《せつ》、ウサギは鷺《さぎ》の一種《いっしゅ》であると考《かんが》えられていた(かつての中国地方《ちゅうごくちほう》の山岳地帯《さんがくちたい》)とする説《せつ》などがあります。どれももっともらしく見《み》えますが、江戸時代《えどじだい》の文献《ぶんけん》を調《しら》べても「これこそが由来《ゆらい》だ」と言《い》い切《き》れる説《せつ》は見《み》つかっていません。

「ウサギ一羽《いちわ》」が書《か》き言葉《ことば》に登場《とうじょう》するのは明治時代《めいじじだい》に入《はい》ってから。明治《めいじ》4年《ねん》(1871年《ねん》)ごろからウサギの爆発的《ばくはつてき》ペットブームが起《お》こり、ウサギがとても高《たか》い金額《きんがく》で売《う》り買《か》いされるようになりました。「ウサギバブル」です。この一大《いちだい》ブームを止《と》めさせようと、明治《めいじ》6年《ねん》に当時《とうじ》の政府《せいふ》からウサギの売《う》り買《か》いをする集会《しゅうかい》を禁止《きんし》する法令《ほうれい》が出《だ》されました。その後《ご》、ウサギの飼《か》い主《ぬし》は税金《ぜいきん》まで払《はら》わなくてはいけなくなり、法律《ほうりつ》に「兎一羽二付月月金一圓ツツ可相納事(ウサギ一羽《いちわ》につき月々《つきづき》一円《いちえん》ずつ納税《のうぜい》すること)」と書《か》かれました。法律《ほうりつ》の文書《ぶんしょ》にウサギの数《かぞ》え方《かた》が初《はじ》めて書《か》かれたことで、今《いま》もウサギを「羽《わ》」で数《かぞ》える習慣《しゅうかん》が残《のこ》っているのです。

おさらい

一羽《いちわ》

一匹《いっぴき》・一羽《いちわ》

ウサギはいろいろな数《かぞ》え方《かた》があるけど、もっと、ふわふわしてとびはねるようすを表《あらわ》したいから、「一《いち》もこぴょん、二《に》もこぴょん」がいいんじゃないかな〜。

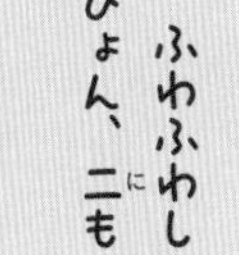

数え方

把《わ》

片手《かたて》でにぎった束《たば》を表《あらわ》す数《かぞ》え方《かた》

八百屋《やおや》さんやスーパーで、ほうれん草《そう》の値札《ねふだ》に「把《わ》」という数《かぞ》え方《かた》が使《つか》われていることがあります。「把握《はあく》」という言葉《ことば》からわかるように、「把《わ》」の字《じ》には手《て》に取《と》る、にぎる、つかむ、とらえるという意味《いみ》があります。そこから「把《わ》」は、人間《にんげん》の片手《かたて》でにぎった程度《ていど》の太《ふと》さの束《たば》を数《かぞ》えます。ほうれん草専用《そうせんよう》の数《かぞ》え方《かた》ではなく、昔《むかし》は稲《いね》の束《たば》を数《かぞ》えるときに使《つか》いました。束《たば》ねて売《う》られている葉物野菜《はものやさい》（小松菜《こまつな》、三《み》つ葉《ば》、にらなど）の、店《みせ》で売《う》られる単位《たんい》としても使《つか》われま

す。

似《に》た数《かぞ》え方《かた》に「束《たば》」があります。「束《たば》」もまとめたものを数《かぞ》えますが、片手《かたて》でにぎったくらいの大《おお》きさの束《たば》とはかぎりません。たとえば、大根三本《だいこんさんぼん》や白菜二玉《はくさいふたたま》を紐《ひも》でくくって一束《ひとたば》と言《い》ったり、新聞紙《しんぶんし》をまとめて縛《しば》ったもの、花束《はなたば》、そして薪《たきぎ》の束《たば》なども数《かぞ》えます。「束《たば》」は束《たば》ねてあることが大切《たいせつ》で、片手《かたて》でまとめたものでなくても、かまわないのです。

古《ふる》い言《い》い方《かた》で、人間《にんげん》の片手《かたて》一《ひと》こぶし分《ぶん》、指四本《ゆびよんほん》（親指《おやゆび》を除《のぞ》いた一《ひと》にぎり）を並《なら》べたくらいの長《なが》さを、一束《ひとつか》と言《い》いました。「ひとつ、つかむ」という動《うご》きに由来《ゆらい》があり、今《いま》で言《い》うと約《やく》8cmくらいの長《なが》さを表《あらわ》します。「束《つか》の間《ま》」という表現《ひょうげん》を使《つか》いますが、これは時間《じかん》の長《なが》さをものの長《なが》さにたとえると、わずか8cmくらいにしか感《かん》じないほどの短《みじか》さ、つまりあっという間《ま》のときを表《あらわ》します。「束《つか》」は昔《むかし》、矢《や》の長《なが》さの単位《たんい》として使《つか》われました。「把《わ》」と「束《つか》」は人《ひと》の手《て》を基準《きじゅん》にしている数《かぞ》え方《かた》ですが、「束《たば》」は人《ひと》の手《て》とは関係《かんけい》ない、まとめたものの数《かぞ》え方《かた》というちがいがあります。

おさらい

一把《いちわ》

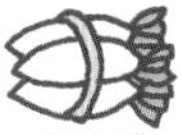
一束《ひとたば》

一束《ひとつか》

新《あたら》しい数《かぞ》え方《かた》を作《つく》ってみよう！

この本《ほん》を読《よ》んで、「今《いま》ある数《かぞ》え方《かた》では物足《ものた》りない……」「わたしにとって特別《とくべつ》な存在《そんざい》は、特別《とくべつ》な数《かぞ》え方《かた》をしたい！」と思《おも》いませんでしたか？

たとえば「匹《ひき》」なら、「ゴキブリと、ペットのネコが同《おな》じ数《かぞ》え方《かた》だなんて……！」と思《おも》う人《ひと》がいるかもしれません。その場合《ばあい》、害虫《がいちゅう》とペットの数《かぞ》え方《かた》を分《わ》けたいですよね。自分《じぶん》にとってその動物《どうぶつ》が特別《とくべつ》であることを表《あらわ》すために、「ネコは一猫《いちニャン》、イヌは一犬《いちワン》、ウサギは一跳《いちぴょん》」など、新《あたら》しい数《かぞ》え方《かた》を付《つ》けられたらおもしろいですよね。

じつは、数《かぞ》え方《かた》には、色《いろ》、あたたかさ、かたさ、重《おも》さ、好《す》ききらい、善悪《ぜんあく》、性別《せいべつ》、年齢《ねんれい》などを表《あらわ》すものがないのです。なので、あなたも「こうだったらいいのにな」と思《おも》うことを見《み》つけて、自由《じゆう》に新《あら》たな数《かぞ》え方《かた》を発明《はつめい》してみましょう。

新《あたら》しい数《かぞ》え方《かた》の例《れい》

給食《きゅうしょく》はお盆《ぼん》に載《の》っているから
「給食三十盆《きゅうしょくさんじゅうぼん》を配膳《はいぜん》した」のように言《い》えるかも！

ランドセルと手《て》さげは両方《りょうほう》とも荷物《にもつ》だけど
「明日《あす》は1《いち》ランだけで登校《とうこう》だ」って言《い》えたら
持《も》ち物《もの》が少《すく》ないことが言《い》えそう。「0ラン」なら手《て》ぶらだね。

先生《せんせい》はカミナリのように怒《おこ》ることがあるから
「今日《きょう》の先生《せんせい》はご機嫌《きげん》で、一雷《ひとかみなり》で済《す》んだね」
はどうかな？

動画《どうが》を見《み》るのが楽《たの》しいから
「日曜日《にちようび》はYouTube動画《どうが》、十楽《じゅうたの》も観《み》ちゃった」って
言《い》ってみよう。

宿題《しゅくだい》の数《かず》は「一宿《いちしゅく》、二宿《にしゅく》」で数《かぞ》えて、
終《お》わったら「一済《いちすみ》、二済《にすみ》」にしようっと。

甘《あま》いお菓子《かし》と、しょっぱいお菓子《かし》を分《わ》けて数《かぞ》えたい。
「今日《きょう》のおやつは一甘《いちあま》、二塩《にしお》だ」とかね！

クイズのこたえ

クイズ① 生《い》き物《もの》の数《かぞ》え方《かた》（28ページ）

匹　ネコは人間《にんげん》と比《くら》べて小《ちい》さい動物《どうぶつ》なので「1匹《ぴき》、2匹《ひき》」と数《かぞ》えます。「さんひき」ではなく「さんびき」と言《い》います。

頭　大人《おとな》のキリンは5メートルくらいの身長《しんちょう》です。人間《にんげん》よりはるかに大《おお》きい動物《どうぶつ》なので「頭《とう》」で数《かぞ》えます。「体《たい》」は生《い》きていない着《き》ぐるみや、骨格標本《こっかくひょうほん》、はく製《せい》などを数《かぞ》えます。

羽　ペンギンは鳥《とり》の仲間《なかま》なので「羽《わ》」で数《かぞ》えます。飛《と》べなくても、羽《はね》が目立《めだ》たなくても「1羽《わ》、2羽《わ》」です。ちなみに、ダチョウも飛《と》べませんが、人間《にんげん》より背《せ》が高《たか》いので「ダチョウ1頭《とう》」と数《かぞ》えることもあります。コウモリは鳥《とり》の仲間《なかま》ではないので「1匹《ぴき》」です。

杯　イカは生《い》きているときは「匹《ひき》」と数《かぞ》えますが、水揚《みずあ》げされて市場《いちば》で売《う》られるときには「1杯《ぱい》、2杯《はい》」と数《かぞ》えます。市場《いちば》によってカニも「1杯《ぱい》」と数《かぞ》えます。

⑤羽《ぱ》　ニワトリは鳥《とり》の仲間《なかま》なので「羽《わ》」で数《かぞ》えます。ウサギは鳥《とり》ではありませんが、「羽《わ》」で数《かぞ》える習慣《しゅうかん》があります。ニワトリとウサギを合《あ》わせて数《かぞ》えるときには「羽《わ》」を使《つか》います。「10羽」は、正《ただ》しくは「じゅうわ」ではなく、「じっぱ」と言《い》います。「頭《とう》」は人間《にんげん》より大《おお》きい動物《どうぶつ》を数《かぞ》えるので、ニワトリとウサギには合《あ》いません。

⑥匹《ひき》　オニは想像上《そうぞうじょう》の生《い》き物《もの》です。悪《わる》さをするオニは、動物《どうぶつ》と同《おな》じ「1匹《ぴき》、2匹《ひき》」と数《かぞ》えます。心《こころ》を入《い》れかえて、人間《にんげん》の友《とも》だちになったオニは「1人《ひとり》、2人《ふたり》」と数《かぞ》えることもあります。想像上《そうぞうじょう》の生《い》き物《もの》は、たとえ大《おお》きくても「頭《とう》」では数《かぞ》えません。人魚《にんぎょ》やケンタウロスなど、人間《にんげん》と動物《どうぶつ》の姿《すがた》が半々《はんはん》の存在《そんざい》は、大《おお》きさに関係《かんけい》なく「人《にん》」で数《かぞ》えます。

クイズ② 乗《の》り物《もの》の数《かぞ》え方《かた》（50ページ）

台　自転車《じてんしゃ》は人《ひと》が乗《の》って移動《いどう》する乗《の》り物《もの》なので「1台《だい》、2台《だい》」と数《かぞ》えます。「輪《りん》」は車輪《しゃりん》の数《かず》を数《かぞ》えます。自転車《じてんしゃ》は、車輪《しゃりん》が2つ付《つ》いているので、二輪車《にりんしゃ》とも言《い》われます。

機　飛行機《ひこうき》にかぎらず、空《そら》を飛《と》ぶ乗《の》り物《もの》は「1機《き》、2機《き》」と数《かぞ》えます。パラグライダーも「1機《き》」です。「基《き》」は、地面《じめん》に据《す》えてあるものを数《かぞ》え、飛《と》ぶものには使《つか》いません。

両　「両《りょう》」は、乗《の》り物《もの》や台《だい》の両側《りょうがわ》に車輪《しゃりん》が付《つ》いているものを表《あらわ》し、電車《でんしゃ》の車両《しゃりょう》を数《かぞ》えます。「10台編成《だいへんせい》」とは言《い》いません。電車《でんしゃ》の運行数《うんこうすう》は「1本《ぽん》、2本《ほん》」で数《かぞ》えます。

④艘《そう》　船《ふね》は乗《の》り物《もの》ですが、水《みず》に浮《う》かぶものなので「台《だい》」では数《かぞ》えません。「艘《そう》」は小《ちい》さな船《ふね》を数《かぞ》えます。タンカーのような大《おお》きな船《ふね》は「1隻《せき》、2隻《せき》」と数《かぞ》えます。「舟《ふね》」は、舟形《ふながた》の容器《ようき》や食《た》べ物《もの》を数《かぞ》えます。

⑤台《だい》　エレベーターはビルに設置《せっち》されている数《かず》を言《い》うときは「1基《き》、2基《き》」と数《かぞ》えます。運行《うんこう》している乗《の》り物《もの》として数《かぞ》える場合《ばあい》は「1台《だい》」です。「1本《ぽん》」は電車《でんしゃ》の運行数《うんこうすう》です。

⑥台《だい》　タイムマシンは時空《じくう》を行《い》き交《か》う乗《の》り物《もの》で「1台《だい》、2台《だい》」と数《かぞ》えます。空《そら》を飛《と》ぶタイプのものが出現《しゅつげん》すれば「1機《き》」もOKです。

クイズ③ 食《た》べ物《もの》の数《かぞ》え方《かた》（72ページ）

① **房《ふさ》**

まとまって実《みの》っているぶどうの実《み》は「1房《ふさ》、2房《ふさ》」と数《かぞ》えます。「束《たば》」は束《たば》ねてある野菜《やさい》など、「咫《あた》」は人間《にんげん》の親指《おやゆび》と人差《ひとさ》し指《ゆび》(一説《いっせつ》には中指《なかゆび》)を広《ひろ》げた長《なが》さを表《あらわ》します。

② **丁《ちょう》**

豆腐《とうふ》は四角《しかく》く切《き》りだしたものを「1丁《ちょう》」と数《かぞ》えます。パックに入《はい》っているものなら「1パック」と言《い》うこともあります。「玉《たま》」はうどんやラーメンのめんを数《かぞ》える数《かぞ》え方《かた》。「杯《はい》」はコップなどの容器《ようき》に入《はい》った飲《の》み物《もの》などを数《かぞ》えます。

③ **貫《かん》**

にぎり寿司《ずし》は1個《こ》あたり「1貫《かん》」と数《かぞ》えます。2個《こ》で「2貫《かん》」です。この数《かぞ》え方《かた》はとても新《あたら》しいものです。「切れ」は切《き》り身《み》ですので、マグロの刺身《さしみ》を数《かぞ》えます。「折《おり》」は折《おり》箱《ばこ》に入《はい》ったお弁当《べんとう》を数《かぞ》えます。

④ **粒《つぶ》**

指先《ゆびさき》でつまめるようなアソートチョコ
トは「1個《こ》」でも数《かぞ》えますが、「粒《つぶ》」で数
と、より高級感《こうきゅうかん》が演出《えんしゅつ》できます。「球
球根《きゅうこん》や電球《でんきゅう》の数《かぞ》え方《かた》、「丸《がん》」は丸薬《がんやく》を
ます。

⑤ **斤《きん》**

食《しょく》パンのかたまりは「1斤《きん》」と数《かぞ》えま
「斤《きん》」は、明治時代《めいじじだい》に1ポンド（約《やく》454
重《おも》さを表《あらわ》す単位《たんい》でした。現代《げんだい》では重《おも》
関係《かんけい》なく、スライスする前《まえ》の食《しょく》パン
えます。「台《だい》」はホールケーキ、「錠《じょう》」
の錠剤《じょうざい》を数《かぞ》える数《かぞ》え方《かた》です。

⑥ **棹《さお》**

ようかんは長細《ながほそ》いので「棹物菓子《さおものがし》」と
れます。そこから切《き》り分《わ》ける前《まえ》のよう
は「1棹《さお》」と数《かぞ》えます。「ひら」は舞《ま》い
小《ちい》さいもの、「片《へん》」はかけらを数《かぞ》えます

クイズ④ 道具《どうぐ》の数《かぞ》え方《かた》（96ページ）

① **舗《ぽ》**

「舗《ほ》」は、小《ちい》さいものを敷《し》き並《なら》べて作《つく》られているものを数《かぞ》えます。地図《ちず》はそのままなら「1枚《まい》」ですが、折《お》りたたんで使《つか》う場合《ばあい》は「1舗《ぽ》」と数《かぞ》えます。「面《めん》」は表面《ひょうめん》で勝負《しょうぶ》する場所《ばしょ》や物《もの》、「折《おり》」は折箱《おりばこ》に入《はい》ったお弁当《べんとう》を数《かぞ》えます。

② **個《こ》**

思《おも》わず「台《だい》」で数《かぞ》えてしまいたくなりますが、リモコンは単体《たんたい》では機能《きのう》しないものなので「台《だい》」では数《かぞ》えません。テレビ1台《だい》につき、リモコン1個《こ》という数《かぞ》え分《わ》けをします。パソコンのマウスも同様《どうよう》です。「機《き》」は飛《ひ》行機《こうき》の数《かぞ》え方《かた》です。

③ **基《き》**

いすは「1脚《きゃく》」と数《かぞ》えますが、ここではベンチを数《かぞ》えていますので、ベンチは公園《こうえん》に据《す》えてあるもの、個人《こじん》では動《うご》かすことができないものなので「1基《き》」と数《かぞ》えます。ソファは家具《かぐ》で動《うご》かせるので「1台《だい》」と数《かぞ》えます。

④ **簣《き》**

簣《き》とは土《つち》を運搬《うんぱん》するための、縄《なわ》など
んだかごのこと。そのかごで運《はこ》んだ
の土《つち》を「1簣《き》」と言《い》い、仕上《しあ》げの努力
します。「一杯《いっぱい》の功《こう》」とは言《い》いません。
縷《る》の望《のぞ》みをかける」と言《い》いますが、「
細《ほそ》い糸筋《いとすじ》を表《あらわ》し、やっとたぐれるよう
のの象徴《しょうちょう》です。

⑤ **張《は》り**

和傘《わがさ》は紙《かみ》を張《は》って作《つく》るため、「1張《は》り
えます。わたしたちが普段使《ふだんつか》う洋傘《ようがさ》
本《ぼん》」でかまいません。「着《ちゃく》」は服《ふく》を数《かぞ》え
「把《わ》」は、片手《かたて》で束《たば》ねた分量《ぶんりょう》、葉物《はもの》野
稲《いね》の束《たば》などを数《かぞ》えます。

⑥ **対《つい》**

「膳《ぜん》」と答《こた》えた人《ひと》は、食事《しょくじ》に使《つか》うお箸
え方《かた》を知《し》っている人《ひと》です。食卓《しょくたく》で食
ときに使《つか》うお箸《はし》は「膳《ぜん》」、菜箸《さいばし》など道
して使《つか》うお箸《はし》は「対《つい》」で数《かぞ》え分《わ》け
「双《そう》」は手袋《てぶくろ》など、左右《さゆう》が決《き》まってい
アを数《かぞ》えます。

飯田朝子（いいだ・あさこ）
中央大学教授。東京女子大学、慶應義塾大学大学院を経て、東京大学大学院人文社会系研究科言語学専門分野博士課程修了。博士（文学）取得。博士論文は「日本語主要助数詞の意味と用法」。おもな著書に『数え方の辞典』（小学館）、『日本の助数詞に親しむ―数える言葉の奥深さ―』（東邦出版）などがある。

メインイラスト　伊藤ハムスター
アイコンイラスト　宮野耕治
装丁・本文デザイン　近藤琢斗・石黒美和（FROG KING STUDIO）
DTP　ローヤル企画

国語の授業では教わらない
数え方辞典

2024年5月30日　第1刷発行

著　者　飯田朝子
発行人　見城 徹
編集人　中村晃一
編集者　渋沢 瑶

発行所　株式会社 幻冬舎
〒151-0051 東京都渋谷区千駄ヶ谷4-9-7
電話：03(5411)6215（編集）
03(5411)6222（営業）

GENTOSHA

印刷・製本所　図書印刷株式会社

検印廃止

ISBN978-4-344-79193-0 C8081
ホームページアドレス　https://www.gentosha-edu.co.jp/

この本に関するご意見・ご感想は、
下記アンケートフォームからお寄せください。
https://www.gentosha.co.jp/e/edu/